이젠 달라져야 해!
에너지

에너지

이젠 달라져야 해!

초판 1쇄 2022년 4월 10일
초판 3쇄 2023년 10월 13일
글 김소정 | **그림** 원정민 | **감수** 권영균
펴낸이 황정임
총괄본부장 김영숙 | **편집** 이나영 | **디자인** 이선영 이영아
마케팅 이수빈 | **경영지원** 손향숙

펴낸곳 도서출판 노란돼지
주소 (10880) 경기도 파주시 교하로 875번길 31-14 1층
전화 (031)942-5379 | **팩스** (031)942-5378
홈페이지 yellowpig.co.kr | **인스타그램** @yellowpig_pub
등록번호 제406-2015-000091호 | **등록일자** 2009년 11월 18일

ISBN 979-11-5995-347-7 73450

* 이 책의 그림과 글의 일부 또는 전부를 재사용하려면 반드시
  저작권자와 도서출판 노란돼지의 동의를 얻어야 합니다.
* 값은 표지 뒷면에 있습니다.
* 책 모서리가 날카로우니 던지거나 떨어뜨리지 마세요.

이젠 달라져야 해!
에너지

글 김소정 | 그림 원정민 | 감수 권영균

머리말

  2011년 초가을 어느 날, 서울의 여러 곳과 경기도, 강원도 지역에서 한꺼번에 정전이 일어났어요. 늦더위 때문에 무척 후텁지근한 날이었어요. 모두들 평소보다 에어컨과 선풍기를 많이 틀었고, 그 바람에 전기 사용량이 갑자기 많아진 탓이었지요. 발전소에서 만드는 전기보다 훨씬 많은 전기를 써 전기를 보내 줄 수가 없어졌던 거예요.

  다섯 시간 정도 정전이 일어났지만 갑자기 전기가 들어오지 않는 집과, 거리에서 사람들은 엄청나게 큰 불편을 겪었어요. 공공 기관이나 지하철, 119 같은 중요한 시설물들에는 비상시에 쓰는 전기가 있어 큰 사고는 일어나지 않았지만요.

  이렇게 만약 하루 동안 전 세계에 정전이 일어난다면 어떻게 될까요? 비상 전기도 없고, 완전히 정전이 된다면요?

  집 안에 있다고 생각해 보아요. 전기 에너지가 필요한 텔레비전이나 컴퓨터는 당연히 쓸 수 없겠지요? 텔레비전을 며칠 안 보거나 컴퓨터 게임을 하루 정도는 하지 않아도 큰 문제는 없어요. 하지만 이게 전부는 아니에요.

　우선 전깃불이 들어오지 않으니 밤이 되면 집이며 거리며 캄캄할 거예요. 밥솥에서 밥을 할 수도 없고, 냉장고에 음식을 보관할 수도 없어요. 전자레인지도 사용할 수 없고요.

　수돗물도 나오지 않을 거예요. 수돗물은 수도관을 통해 집으로 들어오는데 전기와 무슨 상관이 있느냐고요? 물은 상수도 시설을 통해 우리 집으로 들어오고 있어요. 상수도 시설은 수많은 모터와 기계 장치로 움직이지요. 그러니 전기가 들어오지 않으면 상수도 시설을 사용할 수 없게 된답니다. 가스도 마찬가지로 전기를 이용해 우리 집으로 보내지고 있어요. 그러니 가스도 들어오지 않게 되지요. 그러면 우리는 밥도 해 먹을 수 없고, 집에 난방도 틀 수 없으니 추위에 벌벌 떨게 될 거예요.

　갑자기 몸이 나빠진 환자는 119도 부를 수 없어요. 휴대 전화 배터리도 충전할 수 없고, 휴대 전화 신호를 우리 집에서 119 센터로 보내 주는 기지국도 전기가 들어오지 않으면 작동하지 못하니까요. 마찬가지로 119에서도 전화를 받을 수가 없겠지요. 119에서 여러분이 몸이 아픈 걸 알게 되어도 구급차가 출동할 수 없을지도 몰라요. 주유소에서 기름을 넣어 주는 기계는 전기 에너지로 작동하는데, 이 주유기가 멈춰서 기름을 넣을 수 없게 되니까요. 버스나 자동차의 기름을 넣을 수 없게 되니 출근했던 부모님은 집에 돌아오기 힘들어요. 지하철도 전기 에너지로 움직이니 이용할 수가 없거든요. 교통 신호등도 작동되지 않으니 이미 거리로 차를 가지고 나왔다면 이곳저곳에서 혼란이 일어나겠지요.

간신히 병원에 갔다 해도 치료를 받을 수 없을 거예요. 병원에서 우리가 어디가 아픈지 검사를 하고, 아픈 곳을 치료하는 기계들도 전기 에너지를 사용하니까요.

우리는 365일 24시간 내내, 어디에서나 전기 에너지를 사용하고 있어요. 이 전기 에너지는 석탄이나 석유 같은 지구의 자원을 이용해서 만들어져요. 이 자원들은 지구상에 무한정 있는 것은 아니에요. 우리가 지금처럼 마구 쓰면 결국 바닥날 수밖에 없어요. 또 이런 자원은 아무 곳에서나 찾아낼 수 있는 것도 아니고, 설사 찾아낸다고 해도 이런 자원을 이용해 전기 에너지를 만들 때 많은 환경 오염이 발생하는 것도 큰 문제예요.

이런 문제들 때문에 요즘 전 세계적으로 에너지에 크게 관심을 가지고 있어요. 국가나 정부만이 아니라 우리 한 사람 한 사람도 미래를 위해 지구상의 자원을 아끼고, 환경 오염을 줄이는 노력을 해야 해요. 생활 속에서 에너지를 아끼는 실천을 하면서요. 하지만 과학자들은 더 근본적으로 이 문제를 해결하기 위해 계속 쓸 수 있으면서도 환경에 해를 끼치지 않는 새로운 에너지를 개발하려고 노력하고 있답니다.

 자, 이제부터 에너지가 무엇인지, 앞으로 사용될 에너지는 어떤 것인지 하나씩 살펴볼까요?

차례

1 에너지란 무엇일까?

우리를 움직이게 하는 에너지 / 18

에너지에도 종류가 있어요 / 21

지구상 모든 생명체를 살게 하는 빛 에너지 / 22

높은 곳에 있으면 생겨요 위치 에너지 / 24

움직이는 물체에 있어요 운동 에너지 / 26

앗, 뜨거운 곳에도 있어요 열에너지 / 28

두 친구가 만나면 생겨요 화학 에너지 / 29

에너지 총량은 달라지지 않아요 / 32

열은 왜 생기는 걸까요? / 34

잠깐 퀴즈 / 36

2 에너지는 어떻게 이용하게 되었을까요?

처음으로 에너지를 사용했어요 **불** / 40

에너지를 집중시켜 기계를 작동하니 큰 변화가 일어났어요
산업 혁명 / 43

칙칙폭폭 증기 기관차에서 뛰뛰빵빵 자동차까지 / 47

모든 물질에 들어 있는 신비로운 **전기** / 50

전기를 만들어요 / 53

먼로 파크의 마술사, **에디슨** / 56

 / 58

3 무엇으로 에너지를 만드나요?

우리가 가장 많이 사용하는 **연료** / 62

가장 오래 쓰인 연료 **석탄** / 63

제2의 황금 **석유** / 66

석유가 있는 곳에 함께 있어요 **천연가스** / 69

아주 작은 알갱이에서 나오는 거대한 에너지 **원자력** / 70

석유 가격의 변화 / 74

  / 76

4 우리가 사용하는 에너지가 지구를 아프게 해요

화석 연료가 사라지고 있어요 / 80

화석 연료가 환경을 오염시켜요 / 84

지구가 뜨거워지고 있어요 / 88

북극곰과 펭귄이 위험해요 / 92

원자력은 좋기도 하고, 위험하기도 해요 / 97

전 세계가 **기후 문제**에 관심을 쏟고 있어요 / 102

체르노빌 원자력 발전소에서 무서운 사고가 일어났어요 / 104

 잠깐 퀴즈 / 106

5 안전하고 깨끗한 에너지를 만들어요

안전하게 사용할 수 있는 에너지원 / 110

태양에서 에너지를 얻어요 태양 에너지 / 111

위에서 아래로 떨어지는 물에서 에너지를 얻어요 수력 / 113

바람의 힘으로 바람개비를 돌려요 풍력 / 115

바다에서도 에너지를 얻을 수 있어요 해양 에너지 / 118

땅속이 부글부글 끓고 있대요 지열 에너지 / 120

쓰레기도 다시 보자 폐기물 에너지 / 122

물에서 얻는 깨끗한 에너지 수소 에너지 / 124

생명체에서 나오는 에너지를 이용해요 바이오 에너지 / 126

꿈의 에너지 핵융합 에너지 / 128

우리는 **무엇**을 할 수 있을까요? / 130

 잠깐 퀴즈 / 132

독후 토론 / 134

어떤 이야기가 펼쳐질까요?

 에너지를 생각하는 친구들의 단톡방

우진
마루야, 오늘 너희 집 가서 놀면 안 돼?

다솜
나도 가자, 나도.

마루
좋아. 근데 왜? 지난번엔 오라 해도 안 오더니.

우진
아, 오늘 우리 집 태양광 패널 설치한다고 아침부터 시끄러워서.

다솜
그게 뭐야?

마루
아하, 그거 너희도 설치하는구나? 우리 집은 벌써 했지. 우리 엄마가 우리 동네 환경 지킴이잖아. 전기도 덜 쓰고, 환경에도 좋다고. 아마 너희 집에도 우리 엄마가 권했을지도 몰라. 벌써 우리 동네에 열 집 넘게 달았더라.

다솜
아, 그게 뭐냐고!

우진 그래? 우리 엄마 아빠도 기대가 많더라고. 전기료도 거의 안 나온다더라.

마루 맞아, 우리는 아빠가 작은 풍력 발전기도 만드는 중이라고.

다솜 야, 너희 정말 이럴 거야!

우진 앗, 미안. 그게 뭐냐면 말이지?

다솜 됐어.

마루 다솜아! 화났어?

우진 그래, 우리가 신나서 얘기하느라...

마루 야, 다솜!

우진 😳

마루 😅

1

에너지란 무엇일까?

우리를 움직이게 하는
에너지

에너지는 우리 눈에 보이지 않지만, 우리 주위 어디에나 있어요. 우리 몸속에서도 일어나고 있지요. 우리가 밥을 먹을 때, 학교에 갈 때, 심지어 잠을 잘 때도 에너지가 만들어지고 사용되고 있답니다.

에너지란 움직일 수 있는 일을 할 수 있는 상태나 능력을 말해요. 아침에 일어나서 밥을 먹을 때 우리는 숟가락을 들어 밥을 뜨고, 턱을 움직여 밥을 씹어요. 학교에 갈 때 책가방을 들고 팔다리를 움직여요. 과학에서는 이렇게 움직이는 행위를 '운동'이라고 하는데, 여기에는 에너지가 필요해요. 아니, 잠을 잘 때는 움직이지 않는데 에너지가 왜 필요하냐고요? 잠을 잘 때도 우리 몸속에서는 심장이 뛰고, 폐가 움직여 숨을 쉬게 하고, 뇌의 꿈 공장이 가동해서 꿈을 보내 주고 있지요. 이런 모든 활동에 에너지가 필요하답니다.

그렇다면 에너지는 어디서 올까요? 생각해 보세요. 아침밥을 먹지 않고 학교까지 걸어가면 어떤가요? 배가 고프고 힘이 없어서 아주 천천히 걸어야 하고 무거운 가방이 힘들게 느껴지겠지요? 밥을 먹으면 힘이 생기고, 다시 몇 시간이 지나 배가 고프면 힘이 없어져요. 그러면 우리는 다시 밥을 먹고 새로운 힘을 만들어 내서 움직이지요. 우리가 밥을 먹으면 위에서 소화되면서 우리 몸을 움직일 수 있는 에너지가 만들어져요. 마치 자동차에 기름을 넣어야 자동차가 달릴 수 있는 것처럼 말이에요.

지구상의 모든 생물이 살아가는 데에는 이렇게 에너지가 필요해요. 우리는 고기나 채소, 쌀을 먹고, 동물들도 자기에게 필요한 먹이를 먹어서 에너지를 만들어 내고 활동을 하지요. 코끼리나 기린 같은 초식 동물들은 풀을 먹고, 사자나 호랑이 같은 육식 동물들은 다른 동물들을 먹지요. 아, 식물들은 뭘 먹을까요? 식물들도 따스한 햇빛을 받고, 땅속에서 물과 양분을 흡수해서 에너지를 만들어 낸답니다.

그런데 사람, 동물, 식물을 움직이게 하는 것만 에너지는 아니에요. 물체에 힘을 주어서 움직이게 하는 것도 에너지라고 해요. 나무나 석탄, 석유에도 열을 내서 일을 할 수 있는 에너지가 있어요.

우리는 나무나 석탄, 석유를 때서 불을 만들어 집을 따뜻하게 하고 물을 끓이기도 하지요.

우리가 먹는 밥, 불을 때는 나무, 석탄, 석유 같은 것들을 에너지원이라고 해요. 흔히들 자원이라고도 하지요. 일을 할 수 있게 만드는 에너지를 가지고 있는 물질이라는 의미예요. 이 물질에 있는 에너지의 양은 그 물질이 할 수 있는 일의 양으로 나타낼 수 있어요. 그러니까 이 물질이 얼마만큼의 에너지를 내는지는, 그 물질이 얼마만큼의 일을 할 수 있느냐로 잴 수 있다는 말이에요.

책 한 권을 방바닥에서 책상 위로 들어 올린다고 생각해 보아요. 손에 힘을 주어서 방바닥에서 책상까지의 거리를 움직이게 한 것이에요. 이런 과정을 '일'을 한다고 해요.

이번에는 책 한 권을 책상 위에 올려놓는 것과 옷장 위로 올려놓는 것을 비교해 보아요. 똑같은 책 한 권이지만 허리 높이에 있는 책상 위로 올릴 때와 키보다 높은 옷장 위로 올릴 때 필요한 에너지가 다르지요? 또 책 한 권을 책상 위로 올릴 때와 책 두 권을 책상 위로 올릴 때 필요한 힘도 다르겠지요. 이렇게 똑같은 물체라도 움직이는 거리가 멀수록 에너지가 더 들어가고,

똑같은 거리라도 움직이는 물체의 무게가 무거울수록 힘이 더 들어가요. 거리가 늘어나고 무게가 무거워진다는 건 일의 양이 많아진다는 말이에요. 일의 양이 많아지면 에너지도 많이 필요하게 되지요.

에너지에도 종류가 있어요

에너지에는 여러 가지 형태가 있어요. 밝은 물체는 빛 에너지를, 높은 곳에 있는 물체는 위치 에너지를, 운동하는 물체는 운동 에너지를, 뜨거운 물체는 열에너지를 가지고 있답니다. 또 조금 어려운 개념이지만 모든 생명체가 살아가는 힘이 되는 화학 에너지도 있어요. 하나씩 살펴볼까요?

지구상 모든 생명체를 살게 하는 빛 에너지

빛 에너지는 빛이 가지는 에너지로, 태양이나 전등 같은 것에서 나와요. 태양 빛이나 전등 빛에서 나온 빛 에너지는 어떤 물체에 부딪힌 다음 우리 눈으로 들어와서 그 물체가 어떻게 생겼는지 알려 주지요. 깜깜한 밤에 불을 끄고 방 안에 있으면 아무것도 보이지 않는 것은 빛 에너지가 없기 때문이랍니다.

빛 에너지는 물체를 볼 수 있게 하는 것만이 아니라 훨씬 더 중요한 역할을 하고 있어요. 바로 지구에서 사는 모든 생명체가 살아가는 데 꼭 필요한 에너지를 주거든요. 태양이 뿜어내는 빛 에너지는 식물이 자라는 데 아주 중요한 역할을 한답니다.

식물은 뿌리에서 물을 빨아들이고, 이파리를 통해 공기 중의 이산화탄소를 흡수해요. 이 물과 이산화탄소가 빛 에너지를 받으면 양분이 만들어지고, 식물이 호흡하면서 산소를 내뿜게 되어요. 이것을 광합성 작용이라고 해요. 땅 위만이 아니라 바닷속에서 자라는 해초나 식물성 플랑크톤도 빛 에너지로 자란답니다.

광합성 작용을 통해 만들어진 산소가 없다면 사람과 동물은 지구에서 살아갈 수가 없어요. 또 많은 동물들이 식물을 먹고 살지요. 이런 초식 동물들을 먹고 육식 동물이 에너지를 만들어 살아가고요. 사람들도 이런 동물과 식물을 먹고 에너지를 만들어 근육을 움직인답니다. 결국 모든 생명체는 태양의 빛 에너지를 먹고 살아간다고 할 수 있답니다.

높은 곳에 있으면 생겨요 **위치 에너지**

　높은 곳에서 공을 떨어뜨려 보아요. 그러면 공이 땅으로 떨어져 바닥에 딱 달라붙어 있지 않고, 조금 위로 튀어 올랐다가 통통거리며 굴러가지 않나요? 따로 우리가 손을 밀거나 움직이지 않았는데, 어떻게 된 일일까요?

　물체는 높은 곳에 있다가 아래로 떨어질 때 일을 하는 능력을 갖게 되어요. 일을 하는 능력이란 움직일 때 필요한 에너지가 생겼다는 말이지요. 즉, 높은 곳에 있을 때 가지는 위치 에너지가 낮은 곳으로 내려가면서 운동 에너지로 바뀌었다는 말이에요.

망치로 말뚝을 박을 때 망치를 위로 한껏 쳐들었다가 못을 내려치면 못이 박히지요. 또 물레방아 위로 물이 떨어지면서 물레방아가 돌아가지요. 이 모두가 위치 에너지를 이용해 일을 하는 것이랍니다. 이때 망치를 위로 더 많이 들어 올리면 못이 더 세게 박히고, 물이 더 높은 곳에서 떨어지면 물레방아는 더 힘차게 돌아요. 기준이 되는 높이가 정해지면 그 기준보다 더 높은 곳에 있을 때 위치 에너지도 더 커져요.

물레방아는 위치 에너지를 이용해 일을 하는 거예요.

움직이는 물체에 있어요 운동 에너지

운동 에너지는 움직이는 물체가 가진 에너지를 말해요. 흐르는 물이나 바람처럼 움직이는 것들에는 에너지가 있어요. 강에 종이배를 띄우면 흐르는 물의 운동 에너지로 종이배가 흘러가요. 바람개비는 흘러오는 바람의 운동 에너지로 돌아가는 것이에요.

가만히 있는 물체에는 운동 에너지가 없어요. 대신 물체에 힘을 주어서 움직이게 만들면, 다시 말해 속력이 생기게 하면 운동 에너지가 생겨요. 손가락으로 공을 밀면 공이 움직이지요? 공에 힘을 주면 속력이 생겨나서 운동 에너지가 생긴 것이랍니다.

앞에서 살펴본 공을 떨어뜨릴 때도 운동 에너지가 작용해요. 어라, 위치 에너지가 생겨나는 것이라고 하지 않았나요? 공을 높은 곳에서 떨어뜨리면 속력이 생겨요. 높은 곳에 있는 공의 위치 에너지는 크고, 아래쪽으로 내려온 공은 위치 에너지가 줄어들어요. 대신 떨어질 때 움직인 만큼 운동 에너지가 커지게 된답니다. 높은 곳에 있던 위치 에너지가 낮은 곳으로 오면서 그렇게 움직인 만큼 운동 에너지로 바뀐 것이지요.

이번에는 반대로 공을 하늘 높이 던져 보면 낮은 곳에 있던 공이 높은 곳으로 올라간 만큼 위치 에너지가 커지게 되어요. 반대로 낮은 곳에서 한껏 힘을 받았을 때보다는 올라갈수록 점점 운동 에너지가 작아져서 공의 속력이 작아지지요. 결국 공이 어느 높이까지만 올라가고 더 이상 못 올라가는 것은 공의 운동 에너지가 모두 위치 에너지로 바뀌어 완전히 0이 되었기 때문입니다. 가장 높은 곳에 있는 공은 모든 에너지를 위치 에너지로만 가지고 있어서 다시 아래로 떨어지게 돼요. 높이가 낮아지면서 위치 에너지는 점점 줄어들고, 그 줄어든 위치 에너지만큼 운동 에너지가 생겨나서 속력이 점점 빨라지는 거랍니다.

위치 에너지와 운동 에너지는 이렇게 뗄 수 없는 친구 같은 사이랍니다. 마치 여러분이 친구와 사이 좋게 시소 놀이를 하는 것 같지요.

앗, 뜨거운 곳에도 있어요 **열에너지**

열에너지를 이용하는 용광로 모습이에요. 열이 쇠붙이로 전달되어 단단했던 쇠를 녹여요.

    열에너지는 물체의 온도와 관련된 에너지예요. 추운 날 따뜻한 손난로를 손에 쥐고 있으면 차가운 손이 따뜻해지지요? 이것은 손난로의 열에너지로부터 열이 차가운 손으로 전달돼서 그렇답니다. 더운 날에는 시원한 에어컨 아래 있으면 더웠던 몸이 식지요. 이것은 차가운 에어컨 바람 때문에 우리 몸에서 열이 밖으로 빠져나가는 거예요. 온도가 높은 물체와 온도가 낮은 물체가 가까이 붙어 있으면 온도가 높은 물체로부터 낮은 물체로 열이 전해져 온도가 높은 물체의 온도는 낮아지고 온도가 낮은 물체의 온도는 높아져요. 외부에서 추가적인 열이나 에너지를 제공하거나 뺏지 않고 오래 가까이 두면 두 물체의 온도는 결국 똑같아지지요. 추운 겨울에 두꺼운 털옷을 입는 건 털옷이 열을 잘 전하지 못하는 특징이 있어 몸에서 바깥의 차가운 공기로 열이 빠져나가는 걸 막아 주기 때문이에요.

열에너지는 마찰로도 일어나요. 손을 비비면 손이 뜨거워지고, 부싯돌을 부딪쳐 불을 피울 수 있는 것처럼 말이에요. 두 물체가 맞비벼지면서 열에너지가 생기는 것인데요, 조금 더 생각해 보면 열에너지 역시 운동 에너지가 변한 모습이라고 할 수 있어요.

두 친구가 만나면 생겨요 화학 에너지

화학 에너지는 어떤 화합물이 가지고 있는 에너지를 말해요. 화합물이란 두 가지 이상의 성분으로 이루어진 물질이라는 말이에요. 지구상의 물질 대부분이 화합물이에요. 물은 산소와 수소로 이루어진 화합물이에요. 산소 원자 한개와 수소 원자 두개가 반응해 합쳐지면 물 분자가 생기고, 물이 바깥의 어떤 힘 때문에 나뉘면 반대로 산소와 수소로 떨어져 나와요. 이렇게 물질 속에 있는 성분들이 서로 반응하거나 바깥의 다른 성분과 반응을 하면 에너지가 나와요. 이것을 화학 반응이라고 한답니다.

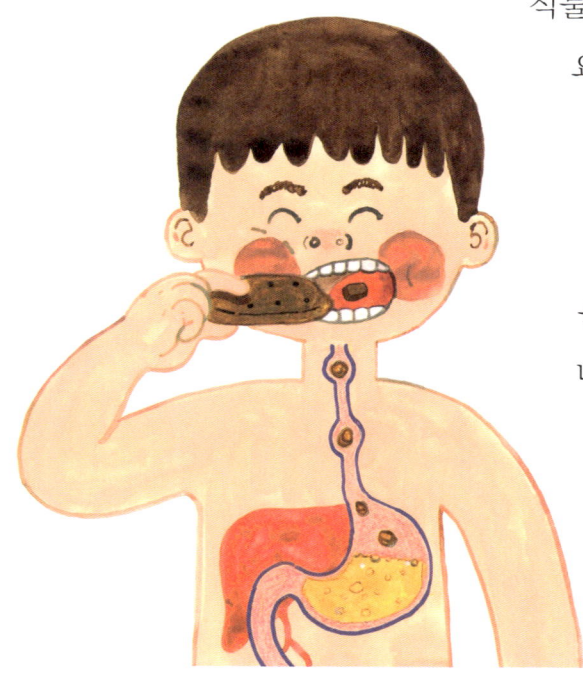

화학 에너지는 생명체의 몸속에도 있어요. 식물은 물과 이산화탄소를 빨아들이지요? 이 두 가지 성분과 식물의 엽록체가 빛 에너지를 통해서 광합성이라는 화학 반응을 하고 산소를 내뿜게 돼요. 즉, 식물은 광합성을 통해 빛 에너지를 직접 화학 에너지로 바꿔 일부는 양분으로 사용하고 나머지는 자신의 몸에 저장하는 거랍니다.

우리 몸속에서도 화학 반응이 일어나고, 화학 에너지

를 만들어 냅니다. 우리 인간을 포함하여 동물은 식물처럼 빛 에너지를 직접 화학 에너지로 바꾸지 못해요. 그래서 채소와 고기를 먹어 에너지를 얻지요. 음식을 먹으면 우리 몸속에서 소화 작용이 일어나요. 우리가 숨을 쉬면서 얻은 산소를 이용해 위에서 음식물을 태우는 것이 소화 작용이에요. 이런 소화 과정을 통해 음식물이 가지고 있던 화학 에너지가 여러 가지 영양분으로 분해되어 몸속 곳곳에 저장되어요. 이렇게 저장된 영양분은 생명을 유지하고, 운동을 할 때 사용된답니다.

자동차는 석유를 연료로 해서 달려요. 석유는 기본적으로 탄소와 수소가 결합된 여러 종류의 탄화수소로 이루어진 화합물로, 탄소와 수소의 결합을 통해 화학 에너지를 저장하고 있는 연료예요. 석유를 자동차 엔진에서 태우면 탄소와 수소의 결합을 끊는 화학 반응이 일어나 결합에 저장된 화학 에너지가 열에너지로 바뀌어 자동차 엔진이 작동하지요. 이 엔진의 작동으로 열에너지가 운동 에너지로 바뀌며 자동차가 달릴 수 있게 된답니다.

에너지
총량은 달라지지 않아요

위치 에너지가 운동 에너지로 바뀌고, 화학 에너지가 열에너지로 바뀌는 것처럼 모든 에너지는 서로 변할 수 있어요. 이렇게 서로 변신을 하면서도 그 에너지의 총량은 일정하답니다.

이것을 에너지 보존 법칙이라고 해요.

하지만 위치 에너지가 50퍼센트 줄어들고 운동 에너지가 생긴다고 해도 꼭 그 50퍼센트만큼 운동 에너지가 늘어나는 건 아니에요. 모두가 운동 에너지로 바뀌는 것이 아니라, 어느 정도는 소리나 빛, 열에너지 같은 것으로도 바뀔 수 있기 때문이에요. 바뀐 모든 에너지를 합치면 원래의 에너지 양과 같답니다.

자동차는 석유를 태워서 화학 에너지를 운동 에너지로 바꾸어 달려요. 그런데 이때 자동차 엔진이 뜨거워지는 걸 본 적이 있지요? 그건 바로 석유의 화학 에너지가 전부 운동 에너지로 바뀌는 것이 아니라 그중 일부가 열에너지로도 바뀌었기 때문이랍니다. 그리고 이렇게 바뀐 열에너지는 다른 운동 에너지로 이용할 수 있는 것이 아니라 공기 중으로 날아가 버리지요.

　뭐라고요? 에너지는 그 양이 늘 일정한데 공기 중으로 날아가 버린다고요? 맞아요, 하지만 공기 중으로 날아간 에너지와 우리가 사용한 에너지를 합하면 원래의 에너지 양과 같아지지요. 과학에서는 이렇게 날아간 에너지도 사라졌다고 말하지 않아요. 다른 곳에 다른 모습으로 있는 것일 뿐이지요.

　그래서 이렇게 원래의 에너지를 우리가 쓸 수 있는 운동 에너지로 바꾸고, 다른 에너지에게 빼앗기지 않게 하려고 많은 연구를 하고 있답니다. 에너지 효율이 좋다는 말은 원래의 에너지에서 우리가 이용할 수 있는 더 많은 에너지로 바꾸었다는 말이에요. 반대로 에너지 효율이 나쁘다는 말은 우리가 이용할 수 있는 에너지로 적게 바뀌었다는 말이고요.

열은 왜 생기는 걸까요?

따뜻한 주전자 위에 손을 대면 손이 따뜻해지지요. 왜 그럴까요? 250년 쯤 전 영국에서는 이것이 궁금한 사람이 있었어요. 바로 벤저민 톰프슨이라는 물리학자예요.

열이 왜 생기는지 궁금해하던 톰프슨은 어느 날 군인들이 무쇠로 된 대포를 깎는 것을 보았어요. 커다랗고 무쇠로 된 대포는 사람이 깎기가 힘들어서 대포를 고정시킨 뒤 말에게 대포 깎이 기계를 채워 주고 말이 움직여 대포를 깎게 했어요. 그런데 대포를 깎다 보면 깎인 부분에 열이 많이 나서 중간 중간

물리학자 벤저민 톰프슨

에 한 번씩 대포를 찬물에 담그곤 했어요. 톰프슨은 대포에서 열이 왜 생기는지 궁금했어요. 한참 동안이나 관찰하던 그는 드디어 그 이유를 알아냈어요. 바로 대포 깎는 도구와 대포가 마찰하면서 열이 생겨난 거였지요. 그리고 마찰을 일으키는 힘은 말이 대포 깎이를 메고 움직이기 때문이었어요. 다시 말해 말의 운동 에너지가 열에너지로 바뀐 것이었어요.

톰프슨의 발견 덕분에 사람들은 운동을 열로, 열을 운동으로 바꿀 수 있다는 걸 알게 되었지요.

이 이야기를 듣고 이번에는 제임스 줄이라는 사람이 과연 운동으로 얼마만큼의 열을 내는지가 궁금해졌어요. 그는 도르래 바퀴에 물갈퀴를 만들어 붙여 물속에 담그고는, 도르래로 무거운 물체를 떨어뜨리는 실험을 했어요. 물체를 들어 올리면 바퀴가 돌아가면서 물통 안에 있는 물이 따뜻해졌지요. 즉, 운동을 한 만큼의 열이 발생하는 장치였던 거예요. 실험을 여러 번 해 보았더니 운동량이 많아지면(무거운 물체를 들어 올리면) 열도 많이 발생했어요. 두 배로 무거운 물체를 들어 올리면, 열도 두 배로 났던 거죠.

제임스 줄

그래서 줄은 "에너지는 모습을 바꿀 수는 있지만 사라지지는 않는다. 즉, 운동 에너지가 열에너지로 바뀌면 그 양은 늘 똑같다."라는 결론에 이르렀어요. 이것이 바로 에너지 보존 법칙이에요. 운동을 다른 에너지로 바꿀 수 있고, 그 에너지를 모으고 활용할 수 있다는 발견을 통해 우리는 운동 에너지를 활용할 수 있게 되었답니다.

 에너지란 움직일 수 있는 □ 를 말해요. 아침에 일어나서 밥을 먹을 때 우리는 숟가락을 들어 밥을 뜨고, 턱을 움직여 밥을 씹어요. 학교에 갈 때 책가방을 들고 팔다리를 움직여요. 과학에서는 이렇게 움직이는 행위를 □ 이라고 하는데, 여기에는 에너지가 필요해요.

 식물은 뿌리에서 물을 받아들이고, 이파리를 통해 공기 중의 이산화탄소를 흡수해요. 이 물과 이산화탄소가 빛 에너지를 받으면 양분이 만들어지고, 식물이 호흡하면서 산소를 내뿜게 되어요. 이것을 □ 작용이라고 해요.

 위치 에너지가 운동 에너지로 바뀌고, 화학 에너지가 열에너지로 바뀌는 것처럼 모든 에너지는 서로 변할 수 있어요. 이렇게 서로 변신을 하면서도 그 에너지의 양은 일정하답니다. 이것을 □ 이라고 해요.

 □□□□□ 는 움직이는 물체가 가진 에너지를 말해요. 흐르는 물이나 바람처럼 움직이는 것들에는 에너지가 있어요. 강에 종이배를 띄우면 흐르는 물의 운동 에너지로 종이배가 흘러가요. 바람개비는 흘러오는 바람의 이 에너지로 돌아가는 것이에요.

 □□□□ 는 마찰을 통해서도 일어나요. 손을 비비면 손이 뜨거워지고, 부싯돌을 부딪쳐 불을 피울 수 있는 것처럼 말이에요. 두 물체가 맞비벼지면서 열이 일어나는 것이에요.

정답
1. 높이, 상태 / 공중 2. 운동장의 3. 에너지 / 공 굴러 땅감이
4. 운동 에너지 5. 열에너지

2

에너지는 어떻게 이용하게 되었을까요?

처음으로 에너지를 사용했어요 불

 아주 먼 옛날, 우리가 상상하기조차 힘든 수억 년 전에 해가 지면 사람들은 컴컴한 어둠 속에서 두려움에 떨어야 했을 거예요. 밤이 되면 아무것도 보이지 않고, 날짐승들의 번뜩이는 눈빛만 있었겠지요. 어쩌다 번개가 치거나 해야 주변이 밝았을 거예요. 바로 불이 없었기 때문이지요.

 인류가 불을 사용할 수 있게 된 건 우연한 일이었을 거예요. 화산이 폭발하면서 불씨가 튀긴다든가, 날이 건조하거나 벼락이 떨어져 자연적으로 산불이 일어난다든지 할 때지요. 이렇게

일어난 뜨거운 무언가는 주변을 다 태워 없애고, 살에 닿으면 쓰라리게 하고, 매캐한 연기로 숨도 쉬지 못하게 했겠지요.

처음에는 불이 무서워서 피했겠지만 점차 사람들은 불을 이용할 방법을 우연히 알아내게 되었을 거예요. 불이 있으면 날짐승들이 덤비지 않는다는 것도 알게 되고 불에 그을린 고기가 더 연하고 소화도 잘되고 맛이 있다는 걸 알게 되었지요. 불에 탄 나무나 진흙 덩이가 더 단단해지는 것을 보고는 불을 사용하면 뭔가가 바뀐다는 것도 깨닫게 되었어요.

그러면서 어떻게 하면 불을 만들어 낼 수 있을까 고민하게 되었을 거예요. 마른 나무를 비벼 보기도 하고, 부싯돌을 부딪쳐 보면서 말이에요. 수많은 시도 끝에 인류는 불을 가지게 되었어요.

불을 쓰면서부터 밤에도 불의 빛 에너지를 사용해 어둡지 않게 살 수 있게 되었어요. 불의 열에너지로 추운 밤이나 겨울에 따뜻하게 몸을 덥힐 수도 있게 되었고요. 또, 음식을 익혀 먹고, 진흙을 구워 단단한 그릇을 만들어 음식을 보관하고, 벽돌을 구워 튼튼한 집도 지을 수 있게 되었지요.

불로 구리나 철을 녹여서 낫 같은 연장을 만들어 농사에 쓰고, 거울 같은 생활용품을 만들어 편하게 이용했지요. 칼이나 대포 같은 무기들도 만들면서 몸을 지키고, 살고 있는 영역을 더 넓혀 나갈 수 있게 되었답니다. 불을 발견하고, 불에서 나온 에너지를 쓰면서 인류의 역사는 빠르게 발전하기 시작했어요.

이렇게 불은 우리 인류가 처음으로 사용한 에너지라고 할 수 있어요. 그리고 불 덕분에 문명이 발달하면서 물이나 바람 등 자연의 에너지를 쓰는 법도 조금씩 알게 되었지요. 예를 들어 배에 돛을 달아 바람의 힘으로 먼 거리를 이동할 수 있게 되었고 물레방아를 만들어 물이 높은 곳에서 낮은 곳으로 떨어질 때 만들어지는 운동 에너지로 곡식을 빻았어요. 또, 바람으로 돌아가는 풍차를 만들어 운동 에너지를 이용했어요.

에너지를 집중시켜 기계를 작동하니 큰 변화가 일어났어요
산업 혁명

불은 수억 년 전 자연에서 온 것이었어요. 사람들이 자연을 이용해 에너지를 만든 건 불만이 아니었답니다. 농사를 지을 때 소나 말 등 가축의 운동 에너지를 이용해 수레를 끌고 쟁기질을 했지요. 강물에 배를 띄우면 불어오는 바람 에너지와 강물이 흘러가는 물 에너지를 이용해 멀리까지 나아갈 수도 있었고요.

이렇게 수만 년 동안 사람들은 부싯돌을 비벼서 불을 만들어 내고, 그 불이나 물, 바람 같이 자연물의 에너지를 그대로 이용했어요. 그러다 불을 더 잘 일으키고 오래 있게 하는 연료를 찾아내게 되었지요. 식물의 기름이나 나무가 탄 숯 등으로 불을 일으켰지요. 하지만 여기에서 얻는 에너지는 그다지 크지도 않고, 오래 유지하기 위해서는 무척 많은 노력이 필요했어요.

그러다 18세기 들어서 우리 인류는 큰 변화를 겪어요. 더 적은 자원으로 엄청나게 많은 에너지를 만드는 연료를 발견하고,

그 연료로 큰 운동 에너지를 만들어 내는 도구들을 발명한 것이에요.

1712년 뉴커먼이라는 사람이 증기 기관을 발명했어요. 주전자에서 물을 끓이면 수증기가 일어나지요? 수증기는 주전자 뚜껑을 달그락거리게 만들 만큼 힘이 있지요. 증기 기관은 물을 끓일 때 생기는 김(증기)으로 피스톤을 들어 올리고, 증기의 열이 찬물 때문에 식으면 압력이 떨어져 피스톤이 내려가는 원리를 이용한 거예요. 끓는 물이 주전자 뚜껑을 들썩이게 하는 것과 같답니다. 운동 에너지가 열에너지로 바뀔 수 있듯이, 열에너지도 운동 에너지로 바뀔 수 있는 원리예요. 열에너지를 운동 에너지로 바꾸어서 힘(동력)을 얻는 기관인 것이지요.

뉴커먼이 증기 기관을 발명한 뒤로 제임스 와트 같은 기술자들이 증기 기관을 더 좋게 고쳐 만들었답니다. 왜냐고요? 끓인 물이 모두 힘을 만들어 내는 증기가 되는 건 아니에요. 일부는 공기 중으로 날아가 버렸어요. 효율적이지 못했지요. 그래서 최대한 많은 증기를 이용할 수 있도록 증기 기관을 고친 거지요.

그중에서도 와트가 만든 증기 기관은 무척이나 큰 힘을 낼 수 있었어요. 이 증기 기관이 공장에서 기계를 움직이는 데 사용되

면서 산업화 시대가 시작되었어요. 산업화란 공장에서 물건을 많이 만들어서 사람들이 사용할 수 있게 된 것을 말해요.

그전까지는 집에서 농사를 짓고 가축을 기르고 직접 옷을 짜 입고 살았거든요. 그런데 증기 기관이 발전하면서 큰 공장들이 세워졌고 많은 기계를 돌려 수많은 물건을 만들어 냈어요. 물건은 가게에서 살 수 있었어요. 사람들은 직접 옷을 만들어 입는 대신 사 입게 되었지요. 옷만이 아니라 비누, 신발, 자동차 같은 것들까지 모두 지금은 공장에서 기계로 만들지요.

증기 기관으로 등장한 또 다른 기계가 있어요. 바로 자동차예요. 증기 기관으로 공장 기계를 돌린다면, 마차도 증기 기관으로 움직일 수 있지 않을까 생각한 거예요. 이 생각은 퀴뇨라는 사람이 했는데, 그가 증기 기관을 마차의 바퀴를 움직이는 데 사용하면서 증기 자동차가 탄생했어요. 증기 자동차가 탄생하자, 그 뒤를 이어 증기 기관차와 증기선도 만들어졌지요. 말보다 몇 배나 빠르고, 몇 배나 무거운 짐을 손쉽게 운반할 수 있는 기관차와 배가 만들어지자 먼 곳에서 만들어진 농작물이나 고기도 손쉽게 먹을 수 있게 되었어요.

칙칙폭폭 증기 기관차에서 뛰뛰빵빵 자동차까지

증기 기관은 물을 끓일 때 나오는 증기의 힘을 이용한 것이에요. 물을 끓이기 위해서는 나무나 석탄 같은 연료를 때서 불을 만들어야 하지요. 석탄은 돌덩이 같은 연료인데, 증기 기관을 움직이게 할 만큼의 증기를 만들어 내려면 무척이나 많은 양이 필요했어요. 그러다 보니 증기 기관차에 연료로 쓸 석탄과 물을 잔뜩 싣고 다녀야 해서 여간 번거로운 게 아니었어요. 자리도 많이 차지하고, 무척이나 무거웠으니 말이에요.

그렇다면 석탄보다 더 적은 양으로 더 많은 에너지를 낼 방법은 없을까 사람들은 고민을 시작했지요. 그리고 마침내 답을 찾아냈어요. 바로 석유예요. 사람들은 석유를 이용하면 더 적은 양으로도 더 많은 물을 끓일 수 있다는 걸 알아냈어요. 석유는 석탄보다 가볍고 자리도 훨씬 적게 차지했기 때문에 더 먼 거리를 갈 수 있는 좋은 연료였어요.

이때부터 더 효율적이고 가벼운 기계를 만들고자 석유를 연료로 하는 기관을 만들기 시작했답니다. 물을 끓여서 수증기를 만들지 않고도 움직이는 '내연 기관'이 발명된 거예요. 내연 기관은 실린더 안에서 공기를 높은 온도로 압축하고, 거기에 석유를 뿜어서 불을 붙여 폭발시켜 에너지를 만들어 낸답니다. 증기 기관과는 방식이 무척 달라요. 증기 기관은 기관 바깥에서 석탄이나 나무를 때서 에너지를 얻었는데, 내연 기관은 기관 안에서 연료를 태워 에너지를 얻었지요.

증기 기관이나 보일러같이 밖에서 연료를 태우는 기관은 '외연 기관'이라고 불러요.

내연 기관은 외연 기관과 달리 안에서 적은 연료를 폭발시키는 방식이어서 크기도, 무게도 줄일 수 있었어요. 힘은 더 많이 만들어 낼 수 있었고요. 그래서 증기 기관차보다 크기가 작은 자동차를 만들 수도 있고, 더 많은 사람과 짐을 싣고 더 빠르게 달리는 기차를 만들 수도 있게 되었답니다. 덕분에 하늘에 비행기까지 띄울 수 있게 된 거예요.

모든 물질에 들어 있는 신비로운
전기

　석탄과 석유를 이용하는 기계들이 발명되면서 사람들의 생활은 크게 달라졌어요. 곡식과 가축을 직접 키워 먹고, 옷을 손수 지어 입고 살던 생활에서, 시장에서 장을 보고 물건을 사서 쓰는 생활로 바뀌었어요. 그러다 또 한 번 우리의 생활 모습을 완전히 바꾸는 일이 일어났어요. 바로 전기를 에너지원으로 사용할 수 있게 된 일이랍니다. 전기를 쓰면서부터 밤새도록 환하게 지내고, 텔레비전을 보고, 컴퓨터로 숙제를 하고, 먼 곳에 있는 할머니에게 전화를 걸 수 있는 세상이 되었어요.

　사람들은 전기를 오랫동안 신기하게 생각했어요. 추운 겨울철에 옷을 벗으면 머리카락이 옷에 달라붙거나 곤두서는 이유가 무엇일까 궁금하게 여겼지요. 지금은 이 현상이 마찰 전기에 의한 것이라는 사실을 알고 있지요.

　모든 물질은 수많은 원자로 구성되어 있는데, 원자 알갱이 하나는 +전하를 띤 원자핵과 −전하를 띤 전자들로 이루어져 있어요. 보통 원자 알갱이 하나에 들어 있는 +전하량과 −전하량이 같기 때문에 전기적으로 중성이어서 아무런 전기적인 현상이 일어나지 않아요. 그런데 다른 종류의 두 물체를 서로 문질러 마찰을 일으키면 한쪽 물체에서 다른 물체로 －전하를 가진 전자가 움직여 간답니다. 그러면 한쪽 물체는 ＋전하량이 －전하량보다 많게 되고, 다른 쪽 물체는 그 반대로 －전하량이 더 많아지지요. 이렇게 ＋전하량과 －전하량이 달라지며 한쪽 전하의 특성을 보이는 경우를 '대전되었다'라고 한답니다.

같은 부호의 전하들끼리는 서로 밀어내고 다른 부호의 전하들끼리는 서로 끌어당기는 성질이 있어요. 이런 성질로 전하는 서로 밀어내거나 끌어당길 수 있는 상태나 능력, 즉, 에너지를 가지게 돼요. 이 에너지를 전기 에너지라고 한답니다. 인류는 전기를 연구한 끝에 전기 에너지가 다른 에너지 형태보다 훨씬 쉽게 다양한 다른 형태의 에너지로 바꿀 수 있다는 것을 알게 되었어요.

그리고 이러한 성질을 어떻게 이용할까 고민했지요. 1800년에 이탈리아의 물리학자인 볼타는 천에 물체를 문지르지 않고도 전기를 만들어 낼 방법을 알아냈어요. 그는 실험을 하다가 서로 다른 종류의 금속이 맞닿으면 전기가 생겨난다는 것을 발견했어요. 이것을 '금속 전기'라고 불렀지요. 그리고 더 나아가

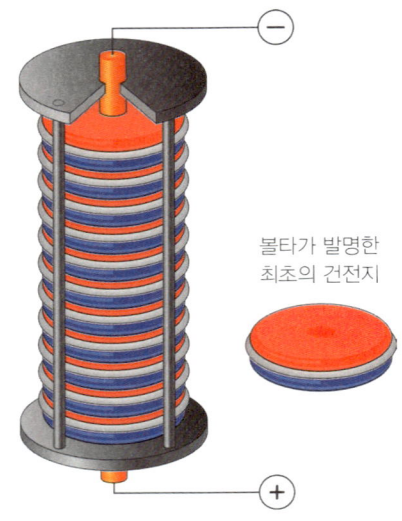

볼타가 발명한
최초의 건전지

레몬즙같이 산성 용액에 적신 금속들이 서로 맞닿으면 더 센 전기가 일어난다는 것을 알게 되었어요. 산성 용액이 전기를 더 잘 전달하기 때문이었어요. 그래서 두 종류의 금속판을 겹쳐 놓고, 그 사이에 전기가 전달될 수 있게 소금물에 적신 헝겊을 끼워 넣었어요. 그러자 전기가 소금물에 적신 천을 지나 금속 사이사이로 전해졌지요. 이것이 바로 건전지의 원리랍니다. 볼타가 만든 이 장치를 '볼타 전지'라고 불러요.

전기를 만들어요

1820년 영국의 과학자 패러데이는 우연히 구리로 만든 코일에 자석을 대 보았다가 코일에 전류가 흐르는 것을 알았어요. 그는 코일에 자석을 넣었다 뺐다 해 보고, 자석 옆에서 코일을 감아 보기도 하며 전기를 직접 만들어 낼 방법을 발견했지요. 바로 전기를 만드는 기계, 발전기의 원리가 이것이랍니다.

발전기가 발명되고 나자 전기 에너지를 이용하는 많은 전기 제품들이 개발되기 시작했어요. 전기 제품은 전기 에너지를 용도에 맞게 다른 형태의 에너지로 바꾸는 장치랍니다. 전기 에너지를 운동 에너지로 바꾸어 주는 전동기, 전류의 힘을 조절해서 소리를 만들어 내는 전화, 전류의 흐름을 이용해 빛을 만들어 내는 전구 같은 기구들이 발명되었지요.

전기를 생활에서 쓸 수 있게 된 것은 전기 에너지를 만들고 우리들 집에 보내는 기술이 발전하면서예요. 바로 발전소지요. 패러데이가 만든 발전기는 크기가 작아 전기를 조금 만들 수 있을 뿐이었어요. 하지만 에디슨은 발전기의 원리로써 더 큰 전기를 만들어 낼 발전소를 지을 생각을 했답니다.

석탄을 태워 보일러에서 물을 끓이면 그 수증기의 힘으로 증기 기관이 움직인다는 것 기억나나요? 이렇게 증기 기관을 움직이듯이 물이 끓으면서 나오는 수증기로 거대한 발전기의 터빈을 돌려요. 터빈이 돌아가면서 발전기 안에 든 거대한 자석을 돌리게 되고, 그러면서 전기가 만들어진답니다.

이 발전소는 석탄이라는 화석 연료를 이용했기 때문에 화력 발전소라고 불러요.

그 뒤로 석탄 말고 물이나 바람, 원자의 힘 등을 이용한 수력 발전, 풍력 발전, 원자력 발전 등 다양한 자원을 이용해서 전기 에너지를 만들 수 있게 되었지요. 하지만 지금도 전기 에너지 대부분을 화력 발전소에서 만든답니다.

어마어마하게 큰 화력 발전소가 만들어지면서 도시 전체에 전기를 공급할 수 있게 되었지요. 얼마 지나지 않아 에디슨이 만든 방식보다 더 효율적으로 전기를 만들고 전송할 수 있는 방법이 나타났고, 곳곳에 발전소도 많이 지어졌어요. 그 덕분에 우리나라도 거의 모든 곳에서 전기를 사용할 수 있어요.

먼로 파크의 마술사, 에디슨

우리가 지금 밤에도 환하게 살 수 있게 된 것은 바로 전구가 발명된 덕분이랍니다. 이 전구는 전기 에너지를 빛으로 바꾸어 주는 도구예요. 전기로 빛을 만들 수 있다는 걸 알아낸 사람은 영국의 화학자 험프리 데이비예요. 탄소에 전류를 흘리면 빛이 만들어진다는 것을 알게 된 그는 이 원리를 이용해 유리병 속에 탄소 막대를 넣어서 열을 발생시켜 빛을 만드는 전등을 만들어 냈답니다. 하지만 이 전등은 탄소 막대가 너무 잘 타는 데다 빛이 너무 강해 실내에서는 쓰기가 어려웠어요. 그래서 가로등으로 쓰였답니다.

토마스 에디슨(1847~1931)

많은 발명가들은 이런 부족한 점을 보완하여 실내에서도 오래도록 빛을 밝히는 기구를 연구했어요. 그중에는 미국의 에디슨이라는 발명가도 있었어요. 그는 전류를 흘려보내 빛을 만들어 내기 위해서 종이, 탄소, 금속 등 다양한 물질로 실험을 해 보았어요. 1879년, 770번의 실패 끝에 드디어 에디슨은 무명실을 태워서 만든 필라멘트로 불을 밝히는 데 성공했어요. 이 무명실 필라멘트 전구는 무려 40시간 동안 은은한 빛을 뿜어냈답니다! 하지만 에디슨은 더욱 좋은 전구를 만들기 위해 6천 가지가 넘는 물질로 실험해 보았어요.

에디슨은 전구만 발명한 것이 아니에요. 에디슨은 1천 개가 넘는 물건을 발명한 발명왕이랍니다. 오늘날 우리가 영화를 볼 수 있게 된 것도, 음악을 들을 수 있게 된 것도, 전화를 쓰게 된 것도 모두 에디슨 덕분이에요. 축전기, 영사기, 영화 촬영기, 축음기, 전화기 등을 발명했거든요. 무엇보다 에디슨은 이런 기계들을 만들고 나서 각 가정에서 사용할 수 있도록 전기를 공급해 줄 발전소를 세워야 한다는 생각을 하기도 했어요. 밤에 불을 밝히고, 영화를 보고, 집에서 음악을 듣고, 멀리 있는 엄마에게 전화를 거는 것은 그전까지 상상도 할 수 없었던 마법 같은 일이었어요. 당시 사람들은 그의 연구소가 있던 지역인 먼로 파크의 이름을 따 에디슨을 '먼로 파크의 마술사'라고도 불렀답니다.

 ☐ 은 인류가 가장 처음 사용한 에너지예요. 이것 덕분에 문명이 발달하면서 물이나 바람 등 자연의 에너지를 이용하는 방법도 조금씩 알게 되었지요.

 와트가 만든 ☐ 은 무척이나 큰 힘을 낼 수 있었어요. 이것을 공장에서 기계를 움직이는 데 쓰면서 산업화 시대가 시작되었어요.

 사람들은 추운 겨울철에 옷을 벗으면 머리카락이 옷에 달라붙거나 곤두서는 이유가 무엇일까 궁금하게 여겼지요. 지금은 이 현상이 ☐ 에 의한 것이라는 사실을 알고 있지요.

 발전기가 발명되고 나자 전기 에너지를 이용하는 많은 전기 제품들이 개발되기 시작했어요. 열을 발생시켜 빛을 만들어 내는 ☐ 같은 기구들이 발명되었지요.

 ☐ 는 석탄이라는 화석 연료를 이용한 발전소랍니다. 수력 발전, 풍력 발전, 원자력 발전 등 다양한 자원을 이용해 전기 에너지를 만들 수 있게 되었지만 전기 에너지 대부분을 ☐ 에서 만든답니다.

정답
1. 번개 2. 중기기관 3. 마찰 전기 4. 전구 5. 화력 발전소

3

무엇으로 에너지를 만드나요?

우리가 가장 많이 사용하는 연료

우리는 자연에서 다양한 연료를 얻고 있어요. 여러 가지 자연의 힘으로 에너지를 얻을 수 있기도 하지만, 무엇보다도 증기 기관에서 살펴본 것처럼 주로 연료를 태워서 에너지를 얻는답니다. 현재 가장 많이 쓰는 연료로는 석탄, 석유, 천연가스를 꼽을 수 있어요. 이런 연료들은 모두 자연에서 오는 것이지요. 그런데 과학이 발전하면서 이것들만큼 많이 쓰는 연료가 하나 더 생겨났어요. 바로 원자력이에요.

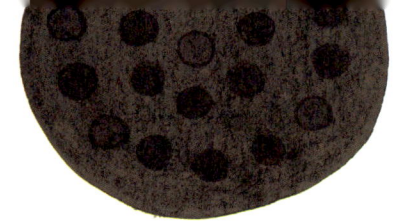

가장 오래 쓰인 연료 석탄

증기 기관이나 내연 기관을 쓰려면 석탄이나 석유 같은 연료를 태워 불을 일으켜야 해요. 그런데 석탄이나 석유는 무엇일까요? 이 연료들은 어떻게 에너지를 만들 수 있는 걸까요?

수천만 년 전 또는 수억 년 전 지구는 지금과 다른 모습이었어요. 축축한 습지가 많고 수풀과 나무들이 무성했지요. 이런 수풀과 나무가 죽거나 비바람에 쓰러지면 보통은 땅 위에서 썩어 흙이 되어요. 하지만 그중 일부는 습지 속에 잠기기도 하고, 홍수나 산사태 같은 자연 현상들로 흙더미에 묻히기도 해요.

식물은 대부분 탄소, 수소, 산소로 이루어진 셀룰로오스라는 물질과 물로 이루어져 있어요. 이 물질은 공기와 닿으면 썩지만 물속이나 흙 속에서는 오랫동안 썩지 않아요. 죽은 식물이 흙 속의 박테리아를 만나면 분해가 되는데, 이 과정에서 식물 속에 들어 있던 물과 이산화탄소 같은 물질들이 빠져나가고 탄소 성분만 남게 된답니다. 그 뒤로 이 탄소 성분은 오랜 시간에 걸쳐 흙의 무게에 눌리고 땅속의 열기를 받으면서 서서히 다른 물질로 바뀌게 되는데, 이것이 '석탄'이에요.

석탄은 식물이 죽은 뒤 화석화되어서 만들어진 것이라고 했지요? 그래서 석탄을 이루는 물질인 식물이 어떤 종류냐에 따라, 또 그 식물이 언제 땅속에 묻혀 화석이 되었느냐에 따라 성분과 특성이 달라요. 그중에서도 탄소 성분이 많으면 불이 잘 붙고 좋은 연료가 되지요. 그래서 탄소 성분을 기준으로 연료를 나눈답니다.

탄소가 90퍼센트 이상인 석탄은 무연탄이에요. 가장 깊은 지층인 고생대 지층에서 많이 나와요. 무연탄은 불이 잘 붙는 데다 연기가 적어 가장 좋은 연료로 꼽혀요. 어린이 여러분은 본 적 없을지도 모르지만, 엄마 아빠가 어릴 적에는 석탄을 연탄으로 만들어 집집마다 사용했어요.

지금도 도시가스를 잇기 힘든 지역이나 농촌의 비닐하우스 등에서는 연탄을 쓰기도 해요.

그다음으로는 중생대에 화석이 된 것으로 탄소 성분이 76~90퍼센트 정도인 역청탄과, 신생대에 화석이 되었고 탄소 성분이 65~75퍼센트 정도인 갈탄이 있어요. 탄소 성분이 적을수록 불을 잘 피우지 못하고 불순물이 섞여 있어 연기와 재가 많이 나온답니다. 마지막으로 가장 얕은 땅에서 나오는 이탄이 있는데, 수분이 50퍼센트 이상이라서 연료로서 질이 좋지는 않아요.

석탄은 연료로만 쓰는 것은 아니에요. 석탄을 가공해 우리가 사용하는 여러 가지 화학 제품들을 만들 수 있어요. 화약이나 연필 심지, 페인트, 접착제, 각종 플라스틱 제품들이지요. 또한 공기를 통하지 않게 하고 석탄을 가열하면 코크스라는 물질이 나오는데, 이 코크스로 철을 제련해요.

제2의 황금 석유

석유는 수천만 년 전 또는 수억만 년 전에 만들어진 자연의 원료예요. 석유는 바닷속에 살았던 플랑크톤이나 조류 등이 죽어서 물 밑바닥에 가라앉아 썩은 진흙에서 유래했다고도 하고, 마그마 중의 무기 물질에서 유래했다고도 해요. 하지만 석유 생성의 기원에 대해서는 아직 확정된 이론은 없다고 합니다.

석유 역시 석탄처럼 다양한 종류가 있어요. 하지만 석탄처럼 처음부터 구분한 것이 아니라 사람들이 분류해서 사용하는 거예요.

원유, 경유, 가솔린 같은 이름을 들어본 적이 있지요? 이것들은 모두 석유예요. 먼저 원유는 지층에서 처음 석유를 뽑아낸 것, 원래의 석유를 말해요. 이 원유를 공기에 닿지 않게 한 상태에서 가마에 넣고 끓여서 다양한 석유를 만들어 내는 것이지요. 어떻게 그럴 수 있냐고요?

액체는 성분마다 끓는 온도가 달라요. 물이 끓으면 수증기라는 기체가 되어서 날아가지요? 석유도 끓이면 끓는 온도에 따라 각각 다른 종류의 성분이 공기 중으로 날아가고, 끓지 못한 성분들은 액체 상태로 남아 있게 된답니다. 이런 원리를 통해 끓는 온도에 따라서 원유에서 각기 다른 성분을 뽑아내어요.

끓는 온도가 높은 순서대로 중유, 경유, 등유, 가솔린 등으로 하나씩 빠져나오고, 기름 성분이 다 나오면 프로판, 부탄 같은 가스 성분이 나오지요. 끓는 온도가 가장 높아 빠져나가지 않고 찌꺼기로 남아 있는 것이 아스팔트랍니다.

석유는 석탄보다 더 다양하게 쓰인답니다. 석유를 거르고 난 다음에 나오는 프로판이나 부탄 같은 가스도 연료로 사용되고, 또 그 찌꺼기인 아스팔트는

도로를 포장하는 재료가 되지요. 또 원유를 끓여서 석유를 종류별로 분리할 수만 있는 것도 아니에요. 원유에 있는 불순물들을 걸러 내고 가공하면 합성 고무나 폴리에스테르나 나일론 같은 합성 섬유, 플라스틱 등의 재료들을 만들어 낼 수 있어요.

합성 고무는 자동차 타이어나 신발 밑창, 지우개 등을, 합성 섬유는 옷이나 커튼 같은 것들을, 플라스틱은 의자, 장난감, 그릇 등 수많은 것들의 재료가 되지요. 또 비닐이나 페인트, 자동차 부품, 컴퓨터 부품 등도 석유 화학 제품이랍니다. 이토록 쓰임이 다양해서 석유를 제2의 황금이라고도 부르지요.

석유가 있는 곳에 함께 있어요
천연가스

　석탄이나 석유는 땅속 깊이 있는데, 아무 땅속에나 있는 것이 아니에요. 특수한 지층에만 있어요. 석탄은 지층을 파고 들어간 뒤 직접 캐내오지만, 석유는 지층에 구멍을 뚫은 뒤에 펌프 장치로 원유를 뽑아 올려야 한답니다. 이렇게 원유가 고여 있는 샘을 유정이라고 하는데, 이 유정에는 천연가스도 같이 고여 있어요. 또 원유가 많이 묻힌 넓은 땅에서도 가스가 나와요. 때로는 석탄광에서 나오기도 한답니다. 이런 가스를 천연가스라 부릅니다.

　가스는 실제 연료로 쓸 때는 기체 형태로 사용하는 경우가 많아요. 하지만 운반이나 보관할 때는 액체 형태로 만들어서 사용하지요. 부피를 줄여 많은 양을 나를 수 있기 때문이랍니다. 집에서 쓰는 도시가스도 이런 천연가스를 액체로 만든 가스예요.

아주 작은 알갱이에서 나오는 거대한 에너지
원자력

 지구에 존재하는 물질을 쪼개고 또 쪼개면 원자라는 작은 알갱이로 나눌 수 있어요. 예를 들어 물은 수소 원자 두 개와 산소 원자 한 개가 붙어서 만들어진 것이랍니다. 그래서 물을 분해하면 수소와 산소로 나누어져요.

 오랫동안 과학자들은 이 원자가 물질을 이루는 가장 작은 알갱이라고 생각했어요. 그러다 1897년 영국의 톰슨이 원자 속에 전자라는 알맹이가 있다는 것을 발견하면서 원자도 쪼개진다는 게 밝혀졌지요. 1911년에는 러더퍼드가 원자 속에 원자핵이 있다는 것을 알아내면서 원자의 구조가 밝혀졌어요. 원자는 원자핵과 전자로 이루어져 있는데, 가운데에 원자핵이 있고, 이 핵 주위를 전자들이 둘러싸고 있는 모습이에요.

 원자에 대한 연구가 계속되면서 원자핵 역시 양성자와 중성자로 나뉜다는 것이 밝혀졌어요. 양성자는 + 전하, 양전하를 띤 알갱이이고, 중성자는 전하가 없어 전기적 성질이 없는 알갱이에요.

앞에서 서로 다른 부호를 가진 전하들은 서로를 끌어당기고, 같은 부호를 가진 전하들은 서로를 밀어내는 성질이 있다고 했지요? 그런데 중성자에는 전기적인 성질이 없는데 어떻게 양성자와 중성자는 붙어서 핵을 이루고 있는 것일까요? 그뿐만 아니라 같은 양전하를 가지고 있는 양성자끼리는 또 어떻게 붙어서 핵을 이루고 있는 걸까요?

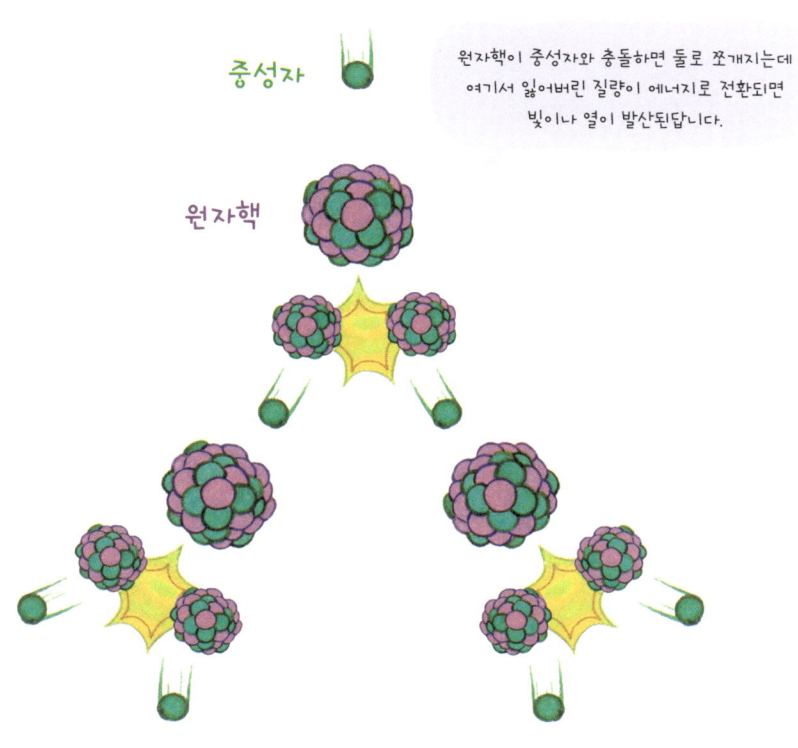

원자핵이 중성자와 충돌하면 둘로 쪼개지는데 여기서 잃어버린 질량이 에너지로 전환되면 빛이나 열이 발산된답니다.

3. 무엇으로 에너지를 만드나요?

바로 양성자나 중성자가 아주 좁은 공간에 매우 가까이 있는 경우, 양성자와 양성자가 서로를 밀어내는 힘보다도 더 큰 힘으로 서로가 붙어 있도록 끌어당기는 또 다른 힘이 있는 거랍니다. 이 힘을 강한 핵력이라고 해요. 그리고 이 원자핵이 쪼개질 때 엄청나게 큰 에너지가 생겼어요. 원자핵이 쪼개지는 것을 핵분열이라고 하는데, 이 핵분열은 한 번 일어나면 계속 어마어마하게 일어나요. 원자핵에서 핵분열이 한 번 일어나면, 1초 동안 100억 번 이상의 핵분열 반응이 잇달아 일어난답니다.

어떻게 그럴 수 있냐고요? 핵분열을 일으키기 위해서는 중성자로 핵을 때려 주어야 해요. 그러면 핵이 쪼개지면서 양성자와 중성자로 나뉘겠지요? 이렇게 나온 중성자가 다시 한번 다른 원자핵을 때리면서 핵분열이 연속적으로 일어나게 된답니다. 원자핵이 한 번 쪼개질 때에도 많은 에너지가 나오는데, 연속적으로 핵들이 쪼개지면 거기에서 나오는 에너지가 많겠지요?

이런 핵분열의 성질과 여기에서 나오는 힘을 전기 에너지로 바꾸는 것이 바로 원자력 발전이에요. 원자력은 아주 작은 양으로도 많은 에너지를 얻을 수 있다는 장점이 있어요.

원자력 발전에 이용되는 원소는 우라늄인데, 우라늄 1킬로그램에서 나오는 원자 에너지는 석탄 3천 톤, 석유 9천 드럼

(1,800톤)을 태워서 만들 수 있는 에너지와 같아요. 그리고 다음 장에서 더 자세히 살펴볼 테지만, 화석 연료를 태울 때처럼 유독 가스나 온실가스를 내뿜지도 않지요. 그래서 원자력 에너지가 제3의 불이라고 불리면서 큰 관심을 끌게 되었답니다.

　원자력 에너지를 이용해 전기를 만들어 내는 것은 1960년대부터인데, 우리나라에서는 1978년에 고리에 원자력 발전소가 세워지면서 원자력 발전이 시작되었답니다. 그 뒤로 월성, 영광, 울진 등지에도 원자력 발전소가 세워졌으며, 지금 우리나라가 사용하는 전기 에너지의 40퍼센트를 이곳에서 생산하고 있어요.

석유 가격의 변화

석유 생산이 처음 시작된 후 1950년대까지는 미국이 가장 많은 석유를 생산했어요. 1970년대 중반부터는 사우디아라비아를 비롯한 중동 지역이 미국, 소련의 뒤를 이을 정도로 많은 양을 생산하기 시작했지요. 그러다가 중동 지역에 정치적 혼란이 생기면서 생산이 줄어들었어요. 당시 세계 각국은 경제 개발이 한창이라 석유가 많이 필요했어요. 이렇게 석유 생산이 줄어들자 유가(석유의 가격)는 크게 치솟기 시작했어요. 배럴당 3달러였던 가격은 11달러로 뛰었어요. 세계 주요 산업 국가들은 큰 타격을 입었고 세계 경제가 휘청거렸어요.

반대로 석유 가격이 크게 떨어진 적도 있어요.

2000년 이후 러시아가 석유 생산을 크게 늘리고, 석유를 많이 쓰는 미국에서 경제 침체가 시작되자 수요가 줄어든 거죠. 수요가 줄자 석유 가격은 떨어졌어요.

　게다가 미국에서는 2001년 9월에 9.11테러까지 발생했어요. 거대한 국제정치의 소용돌이 속에서 유가는 급락을 거듭했어요.

　그 후 중국과 인도 등 아시아에서 석유를 많이 수입하면서 다시 석유가 부족해졌어요. 가파르게 오르던 유가는 2008년에 최고치인 144달러가 될 정도였어요.

　2022년 유가는 배럴당 110달러 정도예요. 이처럼 유가는 생산량, 생산 국가의 상황, 국제 정치 상황에 따라 오르락내리락하고 있답니다.

1. 석탄은 연료로만 사용되는 것은 아니에요. 석탄을 가공해 우리가 사용하는 여러 가지 ☐ 들을 만들 수 있어요. 화약이나 연필 심지, 페인트, 접착제, 각종 플라스틱 제품들이지요.

2. 원유가 고여 있는 샘을 유정이라고 하는데, 이 유정에는 ☐ 도 같이 고여 있어요. 이것은 부피를 줄여서 많은 양을 운반하기 위해 액체 형태로 만들어 사용한답니다.

3. 죽은 식물이 흙 속의 박테리아를 만나면 분해가 되는데, 이 과정에서 식물 속에 들어 있던 물과 이산화탄소 같은 물질들이 빠져나가고 탄소 성분만 남게 된답니다. 그 뒤로 이 탄소 성분은 오랜 시간에 걸쳐 흙의 무게에 눌리고 땅속의 열기를 받으면서 서서히 다른 물질로 바뀌게 되는데, 이것이 ☐ 이에요.

 원자에 대한 연구가 계속되면서 원자핵 역시 양성자와 □로 나뉜다는 것이 밝혀졌어요. 양성자는 + 전하, 즉, 양전하를 띤 알갱이이고, □는 전하가 없어서 전기적인 성질이 없는 알갱이에요.

 원자력은 아주 작은 양으로도 많은 □를 얻을 수 있다는 장점이 있어요. 원자력 발전에 이용되는 원소는 우라늄인데, 우라늄 1킬로그램에서 나오는 원자력 □는 석탄 3천 톤, 석유 9천 드럼(1,800톤)을 태워서 만들 수 있는 에너지와 같아요.

 1. 알파 제품 2. 쟁영라고 3. 러돈 4. 중앙가 5. 에너지

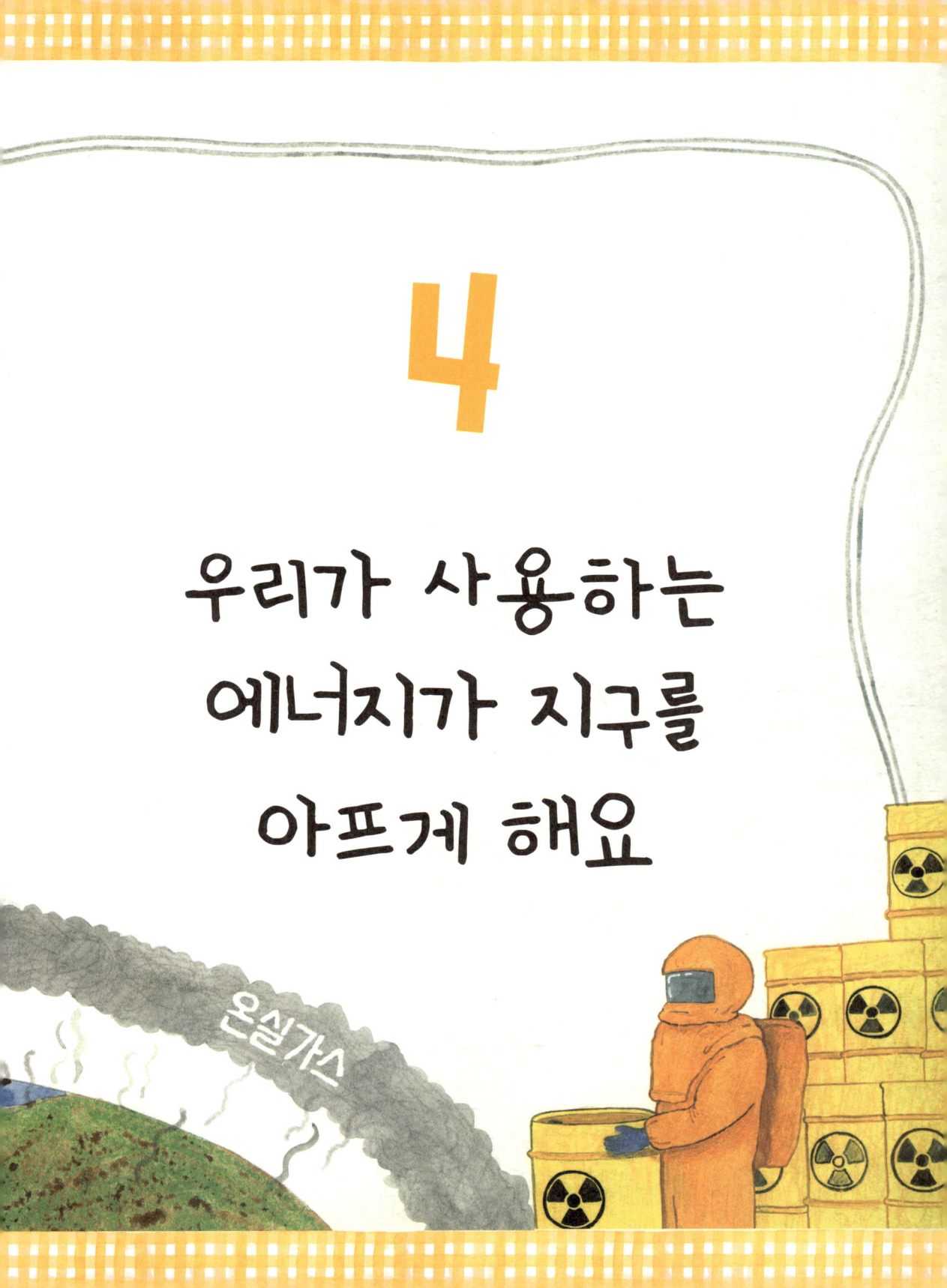
4
우리가 사용하는 에너지가 지구를 아프게 해요

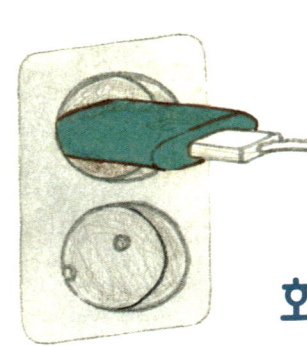

화석 연료가 사라지고 있어요

18세기 산업화 이후로 우리 인간이 사용하는 에너지의 양은 크게 증가했어요. 석탄이 불을 피우는 연료로 사용된 것은 고대 그리스 시대부터라고 하지만 본격적으로 쓴 것은 18세기 산업화 뒤부터예요. 석유도 마찬가지예요. 석탄이나 석유는 집을 덥히고, 공장을 돌리고, 자동차와 비행기를 움직이는 데 연료로 써요. 무엇보다 전기 에너지를 만드는 데 많이 사용되지요.

석탄, 석유, 천연가스처럼 동식물이 땅속에 묻혀 생긴 연료를 화석 연료라고 해요. 지금 우리가 쓰는 에너지의 80퍼센트는 석탄, 석유, 천연가스 같은 화석 연료랍니다. 이런 화석 연료는 무한정 있는 것이 아니에요. 화석 연료는 아주 오랜 시간 동안 땅속에서 높은 온도와 압력을 받아야 만들어지기 때문이지요.

결국 화석 연료는 인류가 지금처럼 사용하게 되면 얼마 안 가 모두 다 써 버리게 되어요. 과학자들마다 그 시기를 조금씩 다르게 예상하고는 있지만, 대략 석유는 200년, 석탄은 1,000년

후면 다 사라지고 말 것으로 생각해요. 원자의 힘을 이용하는 원자력 발전에도 우라늄이라는 자원이 필요한데, 우라늄도 100년 정도만 사용할 수 있을 거라고 해요.

지구상의 자원은 우리만 사용하면 되는 것이 아니에요. 지구에서 인간이 계속 살아가기 위해서는 자원을 아껴 써야만 해요. 우리가 사용하는 석탄이나 석유가 만들어지기 위해서는 100년, 200년으로는 어림도 없으니까요. 훨씬 더 오랜 시간을 기다려야 만들어지는 거예요. 그런 화석 연료를 우리는 불과 200년도 되지 않은 시간 동안 바닥이 날 정도로 사용하고 있는 거랍니다.

특히 우리나라는 자연 자원이 많지 않아서 화석 연료 에너지의 95퍼센트를 수입하고 있어요. 1970년대와 80년대에는 석탄을 캐는 탄광이 많았지만 지금은 거의 찾아볼 수 없어요.

석유와 천연가스는 우리나라에서는 전혀 캘 수 없어 전부 수입하고 있답니다. 그 때문에 석유가 많이 나는 중동 지역에서 문제가 일어날 때마다 석유 값이 크게 오르

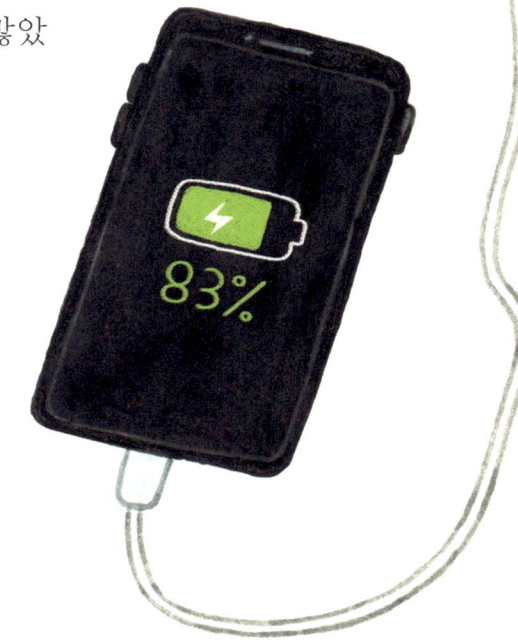

기도 하는 등 어려움을 겪어야 하지요. 이것을 석유 파동이라고 불러요.

　석유 파동이 왜 문제냐고요? 우리는 집에서, 학교에서 수많은 전자 제품을 사용해요. 휴대 전화 배터리도 전기로 충전해야 하지요. 엄마 아빠가 출퇴근할 때도 휘발유를 넣어야 자동차가 움직여요. 석유 공급이 부족해지거나 값이 크게 오르면 당장 우리 삶의 모든 부분이 불편해진답니다.

이렇게 화석 연료 공급이 부족해지기만 해도 큰 어려움이 생기는데, 화석 연료가 완전히 사라진다면 어떻게 될까요? 아마 우리는 지금처럼 생활할 수 없을 거예요. 그렇기 때문에 화석 연료를 아껴 써야 하고, 화석 연료 말고 다른 연료를 찾아내는 것도 중요한 일이에요.

화석 연료가 환경을 오염시켜요

　우리가 에너지원으로 사용하는 화석 연료 사용을 줄여야 하는 더 큰 이유가 있어요. 바로 화석 연료를 태우면서 우리 지구가 병들어 가고 있다는 거예요.

　우리는 필요한 전기 에너지를 석탄이나 석유, 천연가스를 태워서 만들어요. 이때 황산화물과 질소 산화물 같은 독성 물질이 생겨요. 이 물질들이 공기 중에 머물다가 비가 내리면 비에 녹아서 함께 떨어지는데, 이것이 산성비예요.

산성비는 공장 매연 때문이기도 하지만 화석 연료의 문제이기도 하답니다. 산성비가 위험하다는 것은 오래전부터 알려져 있어요. 옛날에는 공기가 깨끗해서 내리는 비도 받아 먹었다고 하는데, 지금은 비를 맞으면 머리카락이 빠지기도 하고, 몸에 안 좋기 때문에 꼭 우산을 쓰고 다니라고 하지요? 먹는 것은 상상할 수도 없지요.

산성비는 지구 곳곳을 오염시켜요. 숲에 산성비가 오래 내리면 식물들이 견디지 못하고 죽어 버리거든요. 그래서 사막 지역이 점점 넓어지기도 해요. 이뿐 아니에요. 호수에 사는 물고기들도 피해를 입어요. 강물이 산성화되면서 환경에 적응하지 못한 물고기들이 떼죽음을 당하곤 하지요. 실제로 미국 동부의 호수들은 산성화가 너무 심해서 물고기가 살 수 없다고 해요.

또한 산성비는 땅속으로 스며들어 땅속에 묻힌 수도관이나 매설물을 녹슬게 하기도 해요. 이 녹이 토양에 스며들면서 땅이 중금속으로 오염되고 식물이 자라기 어려워요. 지하수가 오염되기도 하고요. 또한 튼튼하게 세운 건물이나 다리도 오래 버틸 수 없지요. 건물이나 다리는 시멘트로 만들어졌는데 무슨 상관이냐고요? 시멘트도 산성비로 약해질 수 있어요. 또, 시멘트로 건물이나 다리를 세우기 위해서는 먼저 튼튼한 철심을 땅에 박아서 뼈대를 만들어야 하는데 건물이나 땅속에 스며든 산성비가 이 뼈대를 녹슬게 해서 건물을 무너트릴 수도 있지요.

화석 연료를 태우면서 나오는 건 유독성 기체만이 아니에요. 최근 들어 우리나라에서 심각한 문제로 떠오르고 있는 것이 있지요? 바로 미세 먼지예요. 날씨가 맑은데도 하늘은 안개가 낀 것처럼 뿌옇고, 외출했다가 들어와 코를 풀면 검은 가루가 섞여 나오기도 해요. 그런 날은 미세 먼지가 심한 날이에요.

미세 먼지는 자동차나 공장 굴뚝에서 나오는 매연 때문이기도 하지만, 화석 연료를 태울 때 나오는 먼지와 재도 한 몫 한답니다.

우리 몸의 코털은 숨 쉴 때 먼지를 걸러 주는데, 미세 먼지는 이곳을 거쳐 우리 폐 깊숙이 들어온답니다.

 그래서 기관지염이나 폐렴을 앓게 할 수 있어요. 심하면 폐가 손상되어 스스로 숨을 못 쉴 수도 있어요. 또, 눈에 묻으면 알레르기성 결막염이나 각막염에 걸릴 수 있고 콧속으로 들어오면 알레르기성 비염을 일으킬 수도 있답니다. 미세 먼지가 많은 날은 마스크를 써야 하고 얼굴을 손으로 만지지 말아야 해요. 집에 돌아오자마자 얼굴과 손을 닦는 것도 잊지 마세요.

지구가 뜨거워지고 있어요

 화석 연료의 또 다른 문제는 지구를 뜨겁게 한다는 거예요. 우리는 일상생활에 필요한 에너지를 화석 연료를 태워서 만들어 내요. 앞에서 화석 연료가 탈 때 먼지와 재, 질소 산화물 같은 유독 물질을 내뿜는다고 했지요? 이것 말고도 이산화탄소와 메탄 같은 온실가스도 나온답니다.

 이산화탄소나 메탄이 지구에 해로운 거냐고요? 꼭 그런 것만은 아니에요. 지구에는 원래 이산화탄소와 메탄 같은 온실가스들이 존재해요. 그리고 이 온실가스는 우리 지구가 생명을 유지하는 데 큰 도움을 주기도 하지요.

지구는 대기라는 공기층에 둘러싸여 있어요. 이 대기는 산소처럼 우리가 숨 쉬는 공기는 물론이고, 이산화탄소, 오존, 메탄 같은 다양한 기체들로 이루어져 있어요. 태양은 이 대기를 지나 빛과 열을 우리에게 전해 주는데, 만일 이때 대기가 없다면 빛과 열이 그대로 사람에게까지 와서 타 죽을 수도 있어요. 아주 더운 여름날 바닷가를 걸을 때를 생각해 보면 쉽게 이해할 거예요. 구름 한 점 없이 뜨겁고 햇볕이 온몸에 내리쬐는 그런 날 말이에요.

또, 태양 빛과 열은 지구 표면에 닿으면 일부가 하늘로 반사되는데, 대기가 이 태양 에너지들이 우주로 가는 걸 막아 주어요.

태양의 열에너지가 우주로 다 빠져나가 버린다면 지구는 열이 부족해서 엄청나게 추워질 거예요. 또 빛 에너지가 모조리 빠져나가 버린다면 식물들이 광합성을 하지 못하고, 다른 동물들도 살아갈 수 없지요.

이때 햇빛을 가둬 주는 것이 이산화탄소와 메탄 같은 온실가스예요. 온실의 비닐 장벽처럼 태양 빛과 열을 들여보내고, 또 가두어 주는 가스라고 해서 온실가스라고 부르는 거지요.

그런데 대기가 없으면 태양 빛 때문에 타 죽을 수 있다고 했는데, 또 지구가 너무 추워진다니 무슨 일일까요? 이상하지요?

달은 대기가 없어서 온실 효과가 일어나지 않아요. 그래서 태양이 비추는 쪽은 100도가 넘을 만큼 뜨거워요. 태양이 비추지 않는 쪽은 영하 150도가 넘을 만큼 춥답니다. 어느 쪽이든 생명이 살 수가 없겠지요? 그러니까 온실 효과가 일어나지 않으면 지구에 생명이 살 수 없다는 거예요.

이처럼 온실가스는 지구에서 생명체가 살아가는 데 무척이나 중요하답니다. 생명체가 호흡하고, 살아가는 데 필요한 만큼 자연적으로 존재해 왔어요.

그런데 산업화 이후로 우리가 에너지를 엄청나게 쓰면서 화석 연료를 많이 태우게 되었어요. 이때 발생한 이산화탄소와 메탄이 지구 대기 중에 원래 있어야 할 온실가스의 양보다 훨씬 더 많아졌지요. 그래서 지구의 기온이 전체적으로 올라가고 있어요. 이것을 지구 온난화라고 해요.

북극곰과 펭귄이 위험해요

 지구가 더워지면서 전 세계적으로 기후가 변화하고 있어요. 기후 변화로 인해 폭염이나 혹한, 태풍, 홍수, 엘니뇨와 라니냐 현상 같은 이상 기상 현상도 많이 나타나고 있고요. 40도가 넘는 폭염이 이어지면서 더위를 먹는 일사병, 열사병에 걸리기도 하고, 영하 20도 가까이 되는 혹한이 이어지면서 다리나 건물이 얼었다가 터지면서 사고가 일어나기도 해요. 비가 너무 많이 퍼부어 집이나 농경지가 잠기기도 하고, 폭설 때문에 마을 전체가 눈 속에 파묻혀 마을 사람들이 고립되기도 하고요.
 비가 계속 오면 전염병이 돌기 쉬워요. 비가 많이 내리면 비에 강한 식물들이 잘 자라는데, 이 식물들을 먹고 사는 야생 쥐 같은 동물들이 늘어나요. 그러면 이 쥐에 달라붙어 사는 진드기나 병균들도 많아지거든요. 또, 모기 같은 곤충들도 습지에서 잘 번식하지요. 기후 변화로 날이 더워지면서 수풀이 우거지

거나 호숫가에 가까운 지역에서는 초가을에도 모기떼가 나타나서 괴로움을 겪는다는 뉴스가 나오기도 해요.

반대로 오랫동안 비가 오지 않아 가뭄이 들면, 식물이 자라지 못하고 수확이 줄어들면서 굶주리거나 살림이 어려워지는 사람들이 생겨나지요. 이렇게 눈이나 비, 햇빛의 양이 지금과 달라지면 많은 문제가 생긴답니다.

이런 이상 기상 현상이 일어나지 않는다고 해도 지구의 온도가 올라간 것 자체가 우리 생활을 바꾸어 놓아요. 식물은 온도가 1도만 변해도 잘 자라지 못해요. 동물들도 자신들에게 맞는 온도에서 제대로 성장할 수 있답니다.

지중해 지역에서는 기온이 1.3도 오르면서 그동안 재배하던 포도나 올리브 농사가 어려워졌고 우리나라에서도 제주도에서 자라던 귤을 남해안이나 동해안에서 키우기도 해요. 바닷물 온도가 올라가면서 잡히던 물고기들이 사라져 버리는 일이 많이 생기고 있지요.

그런데 무엇보다도 큰 문제는 바닷물의 온도가 올라가면서 우리들이 살 땅이 줄어들고 있다는 거예요. 최근 100년 동안 지구가 뜨거워지면서 남극과 북극의 빙하가 엄청나게 녹았어요. 그러면서 해수면이 무려 15센티미터나 높아졌어요. 그런데 최근에는 남극과 북극의 빙하가 녹는 속도가 더 빨라지고 있어요.

지구상에 있는 얼음의 90퍼센트는 남극에 모여 있어요. 남극은 두꺼운 얼음층으로 되어 있는데, 그 두께가 평균 3킬로미터나 될 정도예요. 남극의 얼음이 다 녹아 버린다면 바다의 높이는 지금보다 66미터까지도 올라갈 수 있다고 과학자들은 예상

한답니다. 그러면 지금 사람들이 살고 있는 지역의 절반 이상이 물에 잠길 거예요. 사람들이 살 수 있는 땅도 줄어들고, 농사를 짓거나 동물을 키울 곳 또한 엄청나게 줄어 식량 문제도 일어날 수 있어요.

세계 곳곳의 해안 지대 마을이나 몇몇 섬들은 이미 물에 잠겨 버렸지요. 풍차의 나라로 유명한 네덜란드는 바닷가에 사람들이 많이 모여 사는데, 해수면이 높아지면서 사는 곳이 점점 내륙 안쪽으로 바뀌고 있지요. 태평양의 투발루나 인도양의 몰디브 같은 섬들은 조금씩 바닷속으로 잠기고 있어요. 투발루는 아홉개의 산호섬으로 이루어진 국가인데 이 아홉개 섬이 100년 안에 몽땅 바다에 잠겨 사라질 거라고 과학자들은 예측하고 있어요. 벌써부터 투발루에서는 국민들을 다른 나라로 이사시키고 있답니다. 이렇게 기후 변화 때문에 나라를 잃게 된 사람들을 '기후 난민'이라고도 해요.

북극의 멋진 북극곰과 남극의 귀여운 펭귄 역시 기후 난민이에요. 극지방의 얼음이 녹으면서 북극곰과 펭귄이 살 수 있는 땅이 줄어들었거든요. 지구의 기온이 올라가면 북극해의 얼음이 녹고, 여름이 길어지면서 얼음이 아예 얼지 않기도 해요. 북극곰은 바닷속에서 물고기를 잡고, 얼음 위에서 쉬어요. 그런데 얼음이 점점 없어지기 때문에 바다 위에서 물고기를 잡을 수 없게 되는 거죠. 그래서 굶주린 북극곰이 종종 사람들이 살고 있는 마을로 들어오곤 해요. 얼마 전에는 캐나다 북쪽의 어느 마을에서 먹을 것을 찾기 위해 쓰레기통을 뒤지는 북극곰이 사진에 찍히기도 했어요.

남극도 마찬가지예요. 바닷물 온도가 높아지고 빙하가 줄어들면서 황제펭귄이 위험에 처해 있어요. 황제펭귄은 빙벽을 이용해 추위를 막고 얼음층 위에서 새끼를 키우는데, 그런 빙벽과 얼음 땅이 줄어들었기 때문이에요. 또, 황제펭귄은 바닷물 속의 크릴새우를 먹고 사는데 크릴새우가 줄어들자 굶주리고 있어요. 남극의 이산화탄소 농도가 높아지면서 바닷물이 산성화되어 크릴새우가 살 수 없게 되었거든요. 크릴새우를 먹고 사는 동물인 대왕 고래는 먹이가 줄어들자 500킬로미터나 먼 남쪽 바다로 사는 곳을 옮겨 갔어요. 이렇게 한 동물이 피해를 입으면 이 동물과 관련된 생태계 전체가 영향을 받는답니다. 그리고 이런 동식물들과 함께 사는 우리들 또한 영향을 받게 되고요.

원자력은 좋기도 하고, 위험하기도 해요

화석 연료의 문제점 때문에 최근 수십 년 동안 많은 원자력 발전소가 지어졌어요. 원자력 발전소는 굴뚝 없는 공장이라 불릴 만큼 전기 에너지를 만드는 과정에서 화석 연료처럼 매연이나 유독 가스, 온실가스 등을 만들지 않아요. 적은 양으로 큰 에너지를 얻을 수도 있고요.

하지만 원자력 에너지가 문제없는 완벽한 에너지는 아니에요. 무엇보다 원자력 에너지를 잘못 관리하면 몹시 큰 위험이 발생할 수 있거든요. 원자 폭탄 역시 원자력을 이용한 것이라는 걸 생각해 보면 이해가 될 거예요. 어떻게 쓰느냐에 따라 우리에게 필요한 에너지를 줄 수도 있지만, 인류를 멸망시킬 수도 있는 무척이나 거대한 힘이지요. 원자력은 원자 폭탄처럼 아주 적은 양으로도 도시 하나를 다 날려 버릴 위력을 가지고 있답니다. 그래서 조심스럽게 다루어야만 해요.

원자 폭탄이 다른 폭탄보다 훨씬 위험한 이유는 폭발력뿐만이 아니라 핵분열을 일으킬 때 만들어지는 방사성 물질 때문이에요. 방사성 물질은 방사선을 방출하는 물질이에요.

　방사선이 왜 위험하냐고요? 물질은 가장 작은 알갱이인 원자들이 붙어서 이루어져요. 빛인 방사선은 물질에 닿으면 그 물질을 거치는데, 이때 방사선은 붙어 있는 원자들 사이를 갈라놓아요. 물질이 부스러지거나 그 성질이 완전히 바뀌어 버리지요. 몸속을 지나면 우리 몸을 이루는 유전자 성질을 바꾸어 암을 일으킬 수도 있어요. 또, 우리 몸의 세포를 완전히 죽일 수도 있고요.

그래서 원자력 발전소에서 방사선이 새어 나오거나 원자 폭탄이 터지면 주변에 살고 있던 수많은 사람들이 병에 걸리거나 목숨을 잃고, 기형아가 태어나기도 하는 거랍니다.

원자력 발전소에서는 방사선이 밖으로 새어 나가지 않도록 방사성 물질을 여러 겹으로 막아 두고, 건물에 이중 삼중으로 보호벽을 만들어 관리하고 있어요. 원자력 발전소에서 일하는 사람들도 방사선에 닿지 않도록 모자, 장갑, 특수복을 입고 일해요. 게다가 에너지를 만들고 남은 핵 폐기물은 방사성 물질을 아주 많이 가지고 있어요.

이런 핵 폐기물은 특수한 드럼통 속에 넣어서 방사선이 새어 나오지 않도록 단단히 막은 다음 안전한 곳에 모아 두어요. 완전히 처리한 것이 아니라 언젠가 처리해야 할 숙제처럼 모아 두고 있을 뿐이에요. 어떤 나라는 계속 쌓이고 있는 핵 폐기물을 더 이상 보관할 곳이 없어 후진국에 돈을 주고 버리기도 하지요. 이것이 국제적으로 문제가 되기도 해요.

방사선은 원래 원자력 발전을 일으킬 때만 나오는 것은 아니에요. 태양에서도 오고, 자연 상태에도 방사선이 존재한답니다. 이것을 자연 방사선이라고 해요. 원자력 에너지를 만들 때 나오는 것을 인공 방사선이라고 하고요. 인공 방사선이 위험한 이유는 자연 방사선에 비해 갑자기 많은 양에 노출될 수 있기 때문이에요.

인공 방사선의 양을 조절하면 다양한 곳에 이용할 수도 있어요. 방사선은 우리 몸의 세포를 죽여서 위험하지만, 또 이런 성질을 이용해서 암세포만 골라 죽일 수도 있답니다. 음식물에 든 세균을 죽일 수도 있고요. 우리 몸을 통과하기 때문에 몸속을 들여다볼 수도 있지요. 대표적인 것이 엑스레이예요.

전 세계가 **기후 문제**에 관심을 쏟고 있어요

지구 온난화와 기후 변화 문제가 심각해지면서 세계는 오래전부터 이 문제에 관심을 가졌어요. 본격적으로 전 세계적으로 실천 방안을 논의하기 시작한 것은 1992년이에요. 브라질 리우에서 개최된 유엔환경개발회의에 참여한 국가들은 '유엔기후변화협약'을 맺었어요. 협약의 주요 내용은 화석 연료 사용과 전력 소비를 줄이자는 것이었어요. 그런데 이렇게 하면 국가의 산업 발전이 이루어지지 않는다고 생각한 나라들은 이 협약을 싫어했어요. 한편으로는 화석 연료 문제를 깨닫고 신재생 에너지에 관심을 갖는 국가들도 많아졌지요. 그러면서 화석 연료 사용을 줄이고, 탄소를 덜 배출하는 산업이 성장하고, 신재생 에너지를 쓰는 산업이 떠오르게 되었어요.

1997년에는 교토에서 37개 선진국과 유럽 연합 국가들이 2008년부터 2012년까지 온실 기체 배출량을 1990년보다 평균 5퍼센트 줄여 기후 변화를 막아 보자는 약속을 맺었어요. 이것을 '교토의정서'라고 해요. 하지만 온실 기체를 가장 많이 배출하는 중국과 두 번째로 많이 배출하는 미국, 네 번째로 많이 배출하는 인도가 참여하지 않았지요. 그 때문에 실제로 온실 기체를 많이 줄일 수는 없을 거라고 생각되었어요.

　이런 부족한 점을 메꾸려고 2012년까지였던 교토의정서의 기간을 2020년까지로 늘렸어요. 2015년 프랑스 파리에서 맺어진 파리 협정에서는 20년 전보다 기후 변화 문제가 더 심각해지자 위기를 느낀 많은 나라들이 참여했어요. 무려 195개국이나 되었지요. 파리 협정에 참여한 나라들은 산업 혁명 전, 그러니까 200년 전에 비해 지구의 평균 기온이 2도 이상 오르지 않도록 온실 기체 배출량을 단계적으로 줄여 가기로 했어요. 2도 이상 오르면 심각한 기후 재난이 일어나기 때문이에요. 참여국들은 5년마다 스스로 얼마나 목표를 달성했는지 점검하기로 했어요.

체르노빌 원자력 발전소에서 무서운 사고가 일어났어요

원자력 에너지는 1950년대부터 사용되기 시작했어요. 1954년 러시아에 처음으로 원자력 발전소가 세워진 뒤에 독일, 미국 등에서도 원자력 발전소가 세워졌지요. 원자의 에너지는 아주 적은 양의 우라늄에서 큰 에너지를 얻을 수 있었기 때문에 꿈의 에너지로 주목받았어요.

그러다 1986년에 사람들에게 원자력이 위험하다는 걸 알게 해 준 큰 사건이 일어났어요. 우크라이나 체르노빌의 원자력 발전소에서 방사선이 누출된 거예요. 엄청난 양의 방사선이 체르노빌이라는 마을을 덮쳤어요. 강한 방사선에 노출된 수천 명의 사람들이 죽고, 병을 얻었어요. 원자력 발전소가 있던 곳에서는 방사성 물질이 쌓여 사람은커녕 식물도 자랄 수 없는 죽음의 땅이 되었고요. 지금도 여전히 체르노빌 주변의 마을에서는 기형아가 태어나거나 다른 지역보다 많은 주민들이 암과 같은 병에 걸리고 있어요. 체르노빌 마을은 사고 이후 30년이 지난 지금까지도 출입이 금지되어 있답니다.

물론 체르노빌 사고는 안전 관리를 제대로 하지 못해서 일어난 일이었어요. 그 뒤 세계 각국의 원자력 발전소는 폐기물 관리에 더 많은 노력을 기울이고 있지만, 원자력 발전소의 사고는 지구상에 큰 재앙을 불러올 수 있다는 사실을 늘 기억해야 해요.

 우리는 필요한 전기 에너지를 석탄이나 석유, 천연가스를 태워서 만들어요. 이때 황산화물과 질소 산화물 같은 독성 물질이 생겨요. 이 물질들이 공기 중에 머물다가 비가 내리면 비에 녹아서 함께 떨어지는데, 이것이 ☐ 예요.

 화석 연료의 문제점 때문에 최근 수십 년 동안은 많은 ☐ 가 지어졌어요. 전기 에너지를 만드는 과정에서 화석 연료처럼 매연이나 유독 가스, 온실가스 등을 발생시키지 않지요. 하지만 이것은 아주 적은 양으로도 도시 하나를 다 날려 버릴 위력을 가지고 있답니다. 그래서 조심스럽게 다루어야만 해요.

3 지구에 존재하는 물질을 쪼개고 또 쪼개면 ☐ 라는 작은 알갱이로 나눌 수 있어요. 예를 들어 물은 수소 ☐ 두 개와 산소 ☐ 한 개가 붙어서 만들어진 것이랍니다.

정답
1. 민감성 2. 원자력 발전소
3. 원자

5

안전하고 깨끗한 에너지를 만들어요

안전하게 사용할 수 있는
에너지원

　우리는 지금 전기를 얻기 위해 화석 연료를 사용하고 있어요. 하지만 땅속에 묻혀 있는 화석 연료는 그 양이 정해져 있어서 언제 다 사라질지 몰라요. 게다가 화석 연료를 태우면서 환경도 오염시키지요. 원자력을 이용해 에너지를 얻는 방법이 있기는 하지만, 원자력 역시 위험한 에너지원이랍니다. 그래서 과학자들은 사라질 걱정이 없고, 환경을 오염시키지 않으며, 안전하게 쓸 수 있는 에너지원을 자연에서 찾고 있어요.

　이런 에너지를 대체 에너지 혹은 신재생 에너지라고 불러요. 지구를 파괴하지 않는다는 점에서 좋은 에너지이지만 아직은 해결해야 할 문제점도 많아요. 기술이 더 발전해야 하고, 각 에너지들의 부족한 점을 메워 줄 방법을 찾아 나가야 한답니다.

태양에서 에너지를 얻어요 태양 에너지

까만 종이 위에 볼록 렌즈를 한참 대고 있으면 빛이 모이다가 불이 붙어 연기가 피어올라요. 볼록 렌즈를 통해 태양 빛이 한곳에 모여 열에너지가 만들어진 것이에요. 이렇게 태양 빛을 모아서 열에너지를 만들거나, 이를 이용해 전기 에너지를 만들 수가 있어요. 또 빛이 아니라 직접 태양열을 모아서 에너지로 사용할 수도 있지요.

태양 에너지는 그 양이 줄어들지 않고, 대기나 땅과 바다를 오염시킬 오염 물질을 만들어 내지도 않아요.

그래서 태양의 빛 에너지를 이용한 태양광 발전과 태양의 열 에너지를 이용한 태양열 발전이 개발되었어요. 태양의 빛이나 열을 모으는 기계를 만들어 그 에너지를 이용해 열에너지나 전기 에너지를 만들어 쓰는 것이지요.

태양을 이용한 발전은 가정에서도 할 수 있답니다. 태양열이나 빛을 모으는 패널을 햇볕이 잘 드는 곳에 설치하면 태양 에너지가 모이고, 그것이 발전 기계를 통해 에너지로 쓸 수 있게 해 주지요. 특수한 패널과 기계 장치를 이용하기 때문에 거대한 발전소를 짓지 않아도 된답니다. 길을 걷다 보면 집 지붕에 패널이 반짝거리는 것을 본 적이 있을 거예요. 바로 태양광을 모으는 패널이랍니다.

하지만 태양 에너지는 태양이 비추는 낮 시간대에만 빛이나 열을 모을 수 있다는 단점이 있어요. 또 흐린 날이나 비오는 날에는 에너지를 잘 모을 수 없겠지요. 이런 단점을 극복하기 위해 에너지를 저장했다가 필요할 때 사용할 수 있도록 하는 기술이 발전하고 있답니다. 유럽에서는 태양 에너지가 강하게 내리쬐는 여름에 태양 에너지를 모아 두었다가 겨울에 사용할 수 있는 기술도 개발하고 있지요.

위에서 아래로 떨어지는 물에서 에너지를 얻어요
수력

공이 높은 곳에 있으면 위치 에너지가 있고, 아래로 떨어지면서 위치 에너지가 운동 에너지로 변화된다고 했지요? 그래서 물을 위에서 떨어뜨려 물레방아도 돌릴 수가 있지요. 수력 발전은 이렇게 물이 높은 곳에서 떨어질 때 생기는 운동 에너지를 이용해 전기를 만들어 내는 것이에요.

그렇다면 물의 양이 많고, 높은 곳에서 떨어질수록 많은 에너지를 얻을 수 있겠지요? 자동차를 타고 강변을 따라 달리다 보면 강 중간에 세워진 거대한 벽에서 물이 콸콸 쏟아지는 것을 본 적이 있을 거예요. 이것을 댐이라고 부르는데, 물을 많이 모으고 조금 더 높은 위치에서 한꺼번에 물을 쏟아냄으로써 에너지를 발생시키는 것이에요. 이런 댐에서 수력 발전을 한답니다.

수력 발전소는 거대한 댐을 짓는 공사를 해야 하기 때문에 일단 비용이 많이 들어요. 댐을 만들 만큼 넓고, 높낮이 차이가 크고, 강물을 많이 모을 수 있는 적당한 곳을 찾아야 하기 때문에 아무 곳에나 세울 수도 없어요. 대신에 한번 댐을 만들면 운영비가 적게 들고, 관리하기가 어렵거나 위험하지 않지요. 강물이나 빗물을 댐에 모아 두었다가 필요할 때 사용할 수 있어 가뭄과 홍수에도 대비할 수 있어요. 그래서 수력 발전은 화력 발전, 원자력 발전과 함께 우리나라와 전 세계 곳곳에서 지금도 많이 이용되고 있는 방식이에요.

그러나 최근에는 거대한 댐을 지어서 자연환경을 해치는 수력 발전의 단점을 보완하기 위해서 소수력 발전도 개발되고 있어요. 이것은 큰 강이 아니라 하천이나 저수지에서 물의 흐름과 위치 에너지를 이용할 수 있게 하는 작은 발전소를 세우는 거예요. 작은 수력 발전이라고 해서 소수력 발전이라고 부르지요.

바람의 힘으로 바람개비를 돌려요
풍력

　바람개비를 가지고 놀아본 적이 있나요? 바람이 불어오면 그 힘으로 바람개비 날개가 휘휘 돌아가지요? 아주 오래전부터 우리 인류는 이런 바람의 힘을 이용했답니다.

　바람개비 날개가 붙은 것같이 생긴 풍차는 날개로 바람의 힘을 얻어내 곡물을 빻거나 물을 퍼 올렸어요. 또 증기 기관이 만들어지기 전에는 바다에 돛을 단 배를 띄워서 먼 거리를 이동하고, 짐을 운반하기도 했지요. 이것은 물의 흐름을 이용한 것이기도 하지만 돛을 움직여 바람의 방향과 힘을 이용한 것이랍니다.

　전기 에너지를 쓴 뒤로 인류는 바람개비 원리를 이용해 전기를 만들었어요. 바람의 힘으로 풍차 날개를 돌려 그 돌아가는 힘을 전기 에너지로 바꾼 것이지요. 날개가 클수록 돌아가는 힘이 클 테니 더 많은 에너지를 얻을 수 있겠지요? 그래서 풍력 발전기는 크기가 무척 크고, 바람을 많이 얻기 위해 바람이 세게 부는 산꼭대기 같은 곳에 많이 짓는답니다.

　강원도 평창이나 경상도의 경주 같은 곳으로 여행을 할 때면 산꼭대기에 커다란 바람개비 같은 기계들이 설치되어 있는 것을 본 적이 있을 거예요. 그것이 바로 풍력 발전기랍니다. 또 땅보다는 바다에서 부는 바람의 힘이 더 세기 때문에 바닷가 근처에도 많이 세워졌어요.

　풍력 발전기 역시 한번 설치하면 자연의 바람을 이용하니 에너지를 끝없이 얻어낼 수 있고 오염 물질을 만들어 내지 않아서 좋아요. 하지만 설치하는 데 어려움이 있고, 무엇보다도 바람의 방향이나 세기가 늘 똑같지는 않기 때문에 필요할 때 필요한 만큼 에너지를 얻기가 어렵다는 단점이 있어요. 또 갑자기 돌풍이 불면 발전기의 날개가 부러질 수도 있고요.

이런 단점을 보완해 바람이 많이 불지 않아도 풍력 발전기의 날개를 돌릴 수 있고, 더 작은 날개로 에너지를 얻을 수 있는 기술들이 발전하고 있어요. 심지어 최근에는 날개가 없는 풍력 발전기까지 만들어졌지요. 높이 올라갈수록 바람이 많이 불기 때문에 비행선에 풍력 발전기를 단 기구도 발명되었답니다.

풍력 발전은 태양 에너지와 함께 가장 많이 사용되고, 가장 빠르게 발전하고 있는 기술이에요. 특히 섬나라인 영국이나 해안 지대에 많이 모여 사는 네덜란드에서는 바닷바람을 이용하는 해상 풍력 발전소를 많이 쓰고 있답니다.

바다에서도 에너지를 얻을 수 있어요
해양 에너지

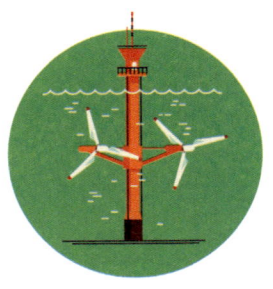

 바다에서는 간조와 만조 때 해수면의 높이 차이, 파도의 높낮이, 바닷물 흐름, 바닷물의 온도나 염도 차이를 이용하는 등 다양한 방식으로 에너지를 얻을 수 있어요. 또, 바다는 지구 표면의 75퍼센트를 차지하고 있는 만큼 태양만큼이나 무한정 에너지를 얻을 수 있답니다. 하지만 파도 세기를 예측하기 어렵고, 기후 변화 때문에 바닷물의 온도가 상승하기도 하고, 지진이나 해일, 풍랑 등 자연재해가 언제 일어날지 모르는 단점이 있어요.

 바다에서 에너지를 얻기 위해 가장 많이 쓰고 있는 대표적 방식은 조력 발전이에요. 바다의 수면은 높아지기도 하고 낮아지기도 하지요. 바닷가 가장 안쪽까지 바닷물이 다 들어와 있는 상태를 만조라고 부르고, 바닷가 갯벌이 드러날 정도로 바닷물이 바깥으로 밀려 나가 있는 상태를 간조라고 불러요. 이것은 달이 지구를 끌어당기는 힘 때문에 일어난답니다.

 간조와 만조 때 해수면이 높아졌다가 낮아지는 운동을 통해 만들어지는 에너지를 이용해 전기를 만드는 방식이 조력 발전이에요. 우리나라에서는 서해안이 간조와 만조 때 차이가 커서 조력 발전을 하기에 알맞아요. 시화호에 만들어진 발전소가 대표적이지요. 또 서해안의 이런 장점을 이용해서 가로림만, 강화, 인천만, 아산만 등에도 조력 발전소를 건설하고 있답니다.

 파도의 높이 차이를 이용한 파력 발전, 바닷물의 흐름을 이용해서 수차 발전기를 돌리는 조류 발전, 해수면은 온도가 높고 깊은 바닷속은 온도가 무척이나 낮다는 점을 이용한 해수 온도차 발전, 큰 강과 바다가 만나는 곳은 바닷물의 소금기가 적고 바다 한가운데는 소금기가 많다는 점을 이용한 해수 염도차 발전 방식 등이 개발되고 있어요. 바다의 변화를 예측할 수 없기 때문에 아직 완전히 활용하지는 못하고 있지만, 훌륭한 대체 에너지원이 될 것이라고 생각되고 있어요.

땅속이 부글부글 끓고 있대요 지열 에너지

우리 지구는 땅속 깊은 곳으로 들어갈수록 온도가 높아져요. 지구의 중심부에는 핵이 있고 그 위로 여러 단계의 암석층이 겹겹이 덮여 있어요. 핵 부근은 온도가 거의 4,000도에 달할 만큼 뜨겁답니다. 우리가 서 있는 땅은 그중 가장 바깥쪽에 있는 암석층일 뿐이에요. 화산이 폭발하면 뜨겁고 붉은 용암이 솟구쳐요. 이 용암은 땅속의 암석이 지구 중심의 뜨거운 열 때문에 녹은 것이랍니다.

이렇게 땅속 깊은 곳의 뜨거운 열에너지를 직접 이용할 수 있어요. 땅의 열이라고 해서 '지열'이라고 부른답니다. 땅속에 배관을 꽂아서 그곳으로 물을 통과시키면 따로 덥히지 않아도 뜨거운 물을 사용할 수 있겠지요? 온천에 가면 따로 보일러로 덥힌 것이 아닌데 지하에서 늘 뜨거운 물이 샘솟지요? 이 온천물 역시 지열을 받아 지하수가 덥혀진 것이랍니다. 또 온천 지역에 가면 곳곳에서 뜨거운 수증기가 피어오르기도 해요. 지열로 뜨거워진 물이 공기 중으로 증발하며 나온 것이지요. 이렇게 뜨거워진 지하수나 수증기로 발전기를 돌려 전기 에너지를 만들 수도 있답니다.

지열은 이렇게 열을 직접적으로 쓸 수 있고, 지구에서 나오는 것이기 때문에 무척이나 좋은 에너지원이 될 수 있어요.

쓰레기도 다시 보자
폐기물 에너지

쓰레기로 에너지를 만들어 낼 수 있다는 걸 알고 있나요? 평소 우리는 음료수 병, 우유팩, 택배 상자, 과자 봉지, 비닐 봉투, 장난감 등 많은 쓰레기를 만들어요. 그래서 분리수거를 통해 다시 사용하고, 장바구니를 들고 시장에 가서 쓰레기 양을 줄이려는 노력을 하지요. 그런데 이런 쓰레기들은 종류에 따라서 석탄처럼 연료로 만들 수 있는 것들이 있답니다.

종이, 나무, 비닐, 플라스틱 등 수많은 재료들을 목적에 따라서 잘게 부순 다음에 열분해, 연소 등 다양한 과정을 거쳐서 공장에서 고체 연료로 만들 수 있어요. 또, 타는 쓰레기들은 태우면서 나오는 가스 형태로 직접 이용할 수도 있고, 쓰레기 소

각로에서 쓰레기를 태울 때 나오는 열에너지를 이용할 수도 있고요. 음식물 쓰레기를 특수한 환경에서 발효시키면 메탄 가스가 나오는데, 이 메탄 가스에서 나오는 열에너지를 이용해 집을 따듯하게 하고 전기를 만들 수도 있어요.

쓰레기를 에너지로 이용하는 방법은 쓰레기를 줄이고, 썩지 않는 쓰레기로 인한 환경 오염을 줄일 수 있다는 점에서 큰 장점이 있어요. 또한 적은 양에서 많은 에너지를 얻을 수 있기도 하답니다. 그래서 우리나라에서도 대체 에너지의 절반 이상을 이런 쓰레기 에너지가 차지하고 있답니다. 다만 쓰레기를 태우거나 연료로 다시 만들 때 대기 오염이나 수질 오염 물질이 다시 배출될 수 있다는 단점이 있어요. 쓰레기라고 해서 모두 이렇게 에너지원으로 사용할 수 있는 것도 아니고요.

하지만 이런 단점보다 장점이 더 많기 때문에 과학자들은 단점을 조금 더 줄이고, 더 다양한 쓰레기를 에너지원으로 이용할 방법을 열심히 연구 중이랍니다. 과거에는 쓰레기 문제를 해결하기 위해 어떻게 하면 적게 사용하고, 재활용할 수 있을까를 고민했다면, 요즘에는 어떻게 하면 쓰레기를 에너지로 활용할 수 있을까 하는 방안까지 더해진 거죠.

물에서 얻는 깨끗한 에너지
수소 에너지

　물은 우리 몸의 70퍼센트 이상을 차지하고 있어요. 우리 지구 표면 역시 70퍼센트 이상이 바다로 이루어져 있지요. 물은 수소와 산소가 결합하여 이루어진 물질이라서 물을 전기 분해하면 수소와 산소를 얻을 수 있어요. 수소는 우주에서 가장 많은 원소랍니다.

　수소는 양이 같아도 휘발유나 등유, 부탄가스 같은 연료보다 더 많은 에너지를 만들어 낼 수 있어요. 게다가 화석 연료처럼 이산화탄소, 메탄 등의 온실가스를 내뿜지 않는답니다. 그래서 선진국들은 화석 연료를 수소 연료로 바꾸려고 하고 있어요. 하지만 수소를 이용하기 위해서는 복잡한 과정이 필요해요. 물, 생물, 화석 연료 등에서 수소만 따로 뽑아내야 하니까요. 그래서 수소를 뽑아내고 이것을 에너지로 만들기 위해서는 다양한 기술 발전이 필요했답니다.

　1980년대부터 선진국들은 수소 연료를 사용하기 위한 기술을 개발하기 시작했어요.

미국은 2001년부터 수소를 연료로 사용하는 나라를 만들겠다는 정책을 발표했고, 일본 역시 2009년부터 본격적으로 수소 연료를 일상에서 사용하고 있어요. 독일 또한 수소 자동차를 포함해 수소를 활용하는 다양한 기술을 개발하고 있지요. 우리나라 역시 1999년부터 수소 에너지를 사용하기 위한 기술을 개발하는 데 정부가 적극적으로 앞장서고 있답니다.

수소를 에너지로 사용하는 기술은 이제 막 개발되기 시작했다고 볼 수 있어요. 아직까지는 천연가스 같은 화석 연료로 전기를 만들어서, 그것을 이용해 수소를 뽑아내는 정도예요. 화석 연료에 비해 공해를 만들어 내지 않아서 수소를 이용하려는 것인데, 수소를 만들기 위해 화석 연료를 쓰고 있으니 조금 이상하지요? 또, 수소가 화석 연료보다 훨씬 더 에너지를 많이 만들 수 있다고 하지만, 아직까지는 수소를 뽑아내기 위해 들어가는 전기 에너지가 훨씬 더 많아요. 수소 에너지를 일상에서 편하게 사용하기 위해서는 아직 갈 길이 멀답니다.

수소 에너지를 이용해 발전소를 세우고 전기를 만드는 일은 아직 멀었지만, 대신 수소 연료 전지는 많이 개발되었어요. 수소를 산소와 결합시키면 화학 에너지가 나오는데, 이것을 직접 전기 에너지로 바꾸는 것이 수소 연료 전지예요. 수소 연료 전지는 다양한 분야에 이용되고 있는데, 수소 연료 전지로 달리는 수소 자동차가 이미 개발되었지요. 앞으로는 노트북이나 휴대 전화 배터리에도 수소 연료 전지가 들어갈 것으로 보여요.

생명체에서 나오는 에너지를 이용해요
바이오 에너지

생명체로부터 연료를 만들어 사용하는 것을 바이오 연료라고 해요. 식물은 광합성을 통해 에너지를 만들어 쓴다고 했지요? 바이오 연료는 이렇게 식물에 저장된 에너지를 사용하는 것이기 때문에 화석 연료처럼 고갈될 염려가 없어요.

인류가 오랫동안 사용한 대표적인 바이오 연료는 숯이에요. 숯은 나무를 태운 것이지요. 또 나무 찌꺼기나 폐목재를 연료로 만들어 사용할 수도 있어요. 나무를 벨 때 나오는 톱밥이나 다 쓴 폐목재를 연료로 다시 만들어 사용하면 쓰레기 문제가 줄어든다는 이점이 있어요. 하지만 숯이나 나무를 태우면서 온실가스가 나온다는 문제도 있지요.

콩, 옥수수, 사탕수수 등의 식물을 가공해 바이오 에탄올이나 바이오 디젤 같은 액체 연료로 만들 수도 있어요. 요즘에는 유채꽃으로 만든 기름이나 다 쓰고 남은 식용유로 만든 연료로 가는 자동차도 개발되고 있답니다. 이런 연료는 온실가스를 추가로 발생시키지 않는다는 장점이 있어요. 하지만 우리가 먹는 곡물을 연료로 하기 때문에 전 세계적으로 볼 때 식량 자원을 부족하게 할 수 있지요. 곡물을 재배하고, 그 곡물을 연료로 만드는 동안 에너지가 많이 들어가고, 온실가스가 생기기도 하죠. 그래서 아직은 널리 쓰이지 못하고 있어요.

꿈의 에너지 **핵융합 에너지**

　태양은 어떻게 계속 열과 빛을 만들 수 있는 걸까요? 그것은 태양에서 핵융합 반응이 일어나기 때문이에요. 태양은 지구보다 130만 배 크고 33만 배 쯤 무겁다 보니 중심부는 압력이 높고 굉장히 뜨거워요. 그리고 대부분 수소 가스로 가득 차 있답니다.

　수소는 다른 원자들과 다르게 중성자 없이 양성자 하나로 이루어진 원자핵을 가지고 있어요. 이 원자핵 주위를 전자가 돌고 있는 구조랍니다. 그런데 태양 속에서 센 압력과 뜨거운 온도를 받다 보니 양성자로만 이루어진 원자핵들이 뭉쳐지게 되지요. 이것을 핵융합이라고 불러요.

　핵융합이 이루어지는 과정에서 엄청나게 큰 에너지가 만들어져요. 또한 수소는 지구상의 물질들 대부분을 이루고 있고 어디에서나 구할 수 있으며, 거의 무한한 양이 있다고 볼 수 있어요.

　그래서 과학자들은 핵융합 에너지를 꿈의 에너지원이라고 생각한답니다. 하지만 핵융합은 태양 중심부처럼 어마어마하게 높은 온도와 높은 압력 상태에서만 이루어지는데, 지금의 기술

로는 아직 그런 상태를 만들 수 없어 계속 연구가 이루어지고 있답니다.

핵융합 에너지를 만드는 기술을 개발하기 시작한 것은 1985년부터예요. 미국과 소련에서 시작하였지요. 여기에 유럽과 일본, 우리나라 등이 참가했고, 발견한 기술은 함께 사용하고 있답니다. 우리나라에서도 1990년대 중반부터 핵융합 연구 센터를 통해 본격적으로 핵융합 에너지를 안전하게 만들어 낼 기술을 개발하고 있어요.

우리는 **무엇**을 할 수 있을까요?

전기를 이용하면서 우리는 무척이나 편리하게 생활하고 있어요. 하지만 에너지를 너무 많이 쓰면서 지구에 여러 가지 문제가 생겨나고 있지요. 많은 과학자들이 깨끗하고 무한하게 사용할 수 있는 대체 에너지를 개발하고 있지만, 아직은 부족하답니다. 그렇다면 생활 속에서 우리들이 에너지를 절약할 수 있는 방법으로는 어떤 것들이 있을까요?

먼저 전기 사용량을 조금 줄일 수 있겠지요. 밝은 낮에는 불을 켜지 않고 자연광을 이용해요. 쓰지 않는 전자 제품의 코드는 빼 두어요. 냉장고 문을 자주 여닫지 않아요. 외출할 때는 방의 불을 잘 껐는지 확인해요.

여름에는 에어컨 사용을 줄이거나 온도를 높여요. 에어컨 한 대가 선풍기 서른 대를 돌릴 만큼의 전기를 쓰거든요. 덜 더울 때는 에어컨 대신 선

풍기를 이용하고요. 베란다에 식물을 많이 키우거나 옥상에 식물을 가꾸면 집 안으로 들어오는 열을 막아 준답니다.

사용하는 전자 제품을 바꾸는 방법도 있어요. 백열 등을 전기 에너지를 덜 쓰는 LED 등으로 바꾸고 전자 제품을 살 때는 에너지 효율 1등급인 제품을 선택하는 것도 방법이에요. 똑같은 양의 일을 할 때 에너지를 더 많이 필요로 하는 정도에 따라 에너지 효율 등급을 매기는데, 효율이 가장 좋은 1등급은 에너지를 적게 사용하고, 효율이 가장 나쁜 5등급은 에너지를 많이 사용한답니다.

주방에서도 랩이나 비닐 봉투 같은 화학 제품보다는 뚜껑을 덮거나 장바구니를 이용해요. 가까운 거리를 갈 때는 자동차를 타는 것보다는 걷거나 자전거를 타고 갈 수도 있어요. 석유 연료도 덜 쓰고 매연도 덜 나오는 것은 물론이고, 햇볕도 쬐고 선선한 바람도 느끼면서 좋은 기분을 느낄 수 있을 거예요.

1 ☐ 는 양이 줄어들지 않고, 대기나 땅과 바다를 오염시킬 오염 물질을 만들어 내지도 않아요. 이것의 열을 모아 열에너지나 전기 에너지를 만들어 사용해요.

2 공이 높은 곳에 있으면 위치 에너지가 있고, 아래로 떨어지면서 위치 에너지가 운동 에너지로 변화돼요. 물을 위에서 떨어뜨려 물레방아도 돌릴 수가 있지요. ☐ 은 이렇게 물이 높은 곳에서 떨어질 때 생기는 에너지를 이용해 전기를 만들어 내는 것이에요.

3 ☐ 는 자연의 바람을 이용해 에너지를 끝없이 얻을 수 있고 오염 물질을 만들어 내지 않아서 좋아요. 하지만 짓는 데 어려움이 있고, 무엇보다도 바람 방향이나 세기가 늘 똑같지는 않기 때문에 필요할 때 그만큼 에너지를 얻기 어렵다는 단점이 있어요.

 ㅤㅤㅤ[　　　　　　　　]는 우리 지구상에서 가장 많이 존재하는 에너지예요. 양이 같아도 휘발유나 등유, 부탄가스 같은 연료보다 더 많은 에너지를 만들어 낼 수 있어요. 게다가 화석 연료처럼 이산화탄소, 메탄 등의 온실가스를 내뿜지 않는답니다. 그래서 선진국들은 화석 연료를 [　　　　　　　　]으로 바꾸려고 하고 있어요.

 ㅤㅤㅤ생명체로부터 연료를 만들어서 사용하는 것을 [　　　　　　　　]라고 해요. 식물은 광합성을 통해 에너지를 만들어 사용하는데 이것은 식물에 저장된 에너지를 사용하는 것이기 때문에 화석 연료처럼 고갈될 염려가 없어요.

정답: 1. 태양 에너지 2. 수력 발전 3. 풍력 발전기 4. 수소 에너지 5. 바이오 연료

이 책을 읽고 나서 친구들과, 부모님과 함께 토론해 보세요.

1 우리 주변의 에너지원은 어떤 것이 있을지 찾아보세요.

2 증기 기관이 발명되면서 사람들의 삶은 어떻게 달라졌을지 이야기해 보요.

3 지금부터 석유를 사용할 수 없다면 어떤 일이 벌어질지 생각해 보요.

4 화석 연료 사용의 문제점은 어떤 것들이 있을까요?

5 우리 주변에서 대체 에너지를 사용하고 있는 곳을 조사해 보고 대체 에너지로 바꿀 수 있는 것은 무엇일지 고민해 봐요.